Primary Science

참다운 과학 수업을 위해

초등 과학교육에 뛰어들기

영감이 풍부했던 과학교육자 Jos Elstgeest와
과학에서 아동의 생각에 대한 연구로 새로운 지평을 열었던
Roger Osborne을 회상하며,
이 책을 그들의 기억에 바칩니다.

역자 머리말

이 책의 원서가 처음 출판된 지 10년이 지났습니다. 원저자인 Wynne Harlen은 이 책 이외에도 초등 과학교육에 관한 저서를 많이 집필하였으며 세계적으로 널리 읽혀지고 있습니다. 과학교육에 대한 많은 교재가 있지만, 이 책은 분량도 적고 핵심적인 내용 위주로 구성되어 있어 2004년부터 우리나라 대학생들에게 읽혀오고 있습니다. 구체적인 예시를 바탕으로 이야기 식으로 구성되어 있어 학생들에게 반응이 좋았습니다. 그래서 우리는 교육대학의 예비교사나 현장교사를 위해 이 책을 번역해서 출판하면 좋을 것 같다는 생각을 했습니다.

사실 이 책은 영국의 교육 과정을 배경으로 하고 있기 때문에, 우리나라 실정과 맞지 않는 부분도 있습니다. 또한, 출판된 지 오래된 책이라 급변하는 현실이나 새로운 정보를 반영하지 못한 부분도 있습니다. 그렇지만 과학교사로서 중요한 세 가지 역할인 관찰과 탐구 지도, 올바른 질문법, 의사소통 기능 발달에 대한 구체적인 지도 방안은 세월과 무관하게 우리나라 교사에게도 많은 시사점을 준다고 생각합니다. 번역하는 과정에서 가능하면 원저자의 화법을 살리려고 노력했지만, 우리나라 독자가 이해하기 쉽도록 많은 부분이 첨삭되었습니다. 혹시 그 과정에서 오류가 생겼다면 그것은 모두 번역자의 잘못입니다. 이 책에서 미흡한 부분이 있다면 독자들께서 지적해 주기를 부탁드립니다.

어릴 때 과학에 대한 경험은 아동의 진로에 많은 영향을 줄 수 있습니다. 초등학교 과학 수업 시간에 교사들이 과학을 통해 아동들의 손과 마음에 새로운 활력과 가능성을 불어넣어 줄 수 있다면 얼마나 좋겠습니까?

이 책은 초등 과학교육에 오래 몸담고 헌신해 온 교사가 자신의 경험을 이론적으로 조망하면서 정리한 것과 같은 느낌을 줍니다. 처음 초등 과학교육에 입문하는 예비교사들에게는 실제 과학 수업의 면모를 이해하는 데 도움이 되고, 현장 수업 지도 경험이 풍부한 교사에게는 자신의 수업을 뒤돌아보는 데 도움이 되기를 바랍니다.

2011. 9.

늦더위가 기승을 부리는 봄내골에서

장병기, 윤혜경

머리말

이 책은 1985년에 처음 출판된 이후부터 지금까지 개정된 적이 단 한 번도 없었다. 그 사이에 교사들에게 수업 활동에 대한 아이디어와 과학에 대한 배경 지식을 제공하기 위해 많은 책이 출간되었지만, '초등 과학교육에 뛰어들기'라는 이 책은 여러 나라에서 독자가 늘어나면서 여러 번 인쇄되었다. 이는 이 책의 내용이 독자들에게 적절하다는 것을 보여준다. 아마도 이 책이 교사의 활동과 아동의 과학 학습에 대한 이해를 도와주기 위한 목적으로, 교사의 역할에 대해 설명하고 있기 때문일 것이다. 컴퓨터로 인해 정보의 출처와 아동이 이용할 수 있는 증거의 범위가 크게 변화된 현 시점에서도, 학습에서 교사의 역할은 핵심적인 것으로 남아있다. 교사라면 누구나 한 번쯤 다음과 같은 질문을 마주하게 될 것이다.

- 아동이 주변의 사물과 상호작용을 통해 무엇을 배우도록 이끌어줄 수 있을까?
- 아동이 사물을 탐색하지 않거나 주의 깊게 관찰하지 않으면 어떻게 해야 할까?
- 아동이 질문하지 않으면 어떻게 해야 할까?
- 아동의 질문에 어떻게 대답해야 할까?
- 아동의 생각이 과학적인 생각과 일치하지 않으면 어떻게 해야 할까?
- 아동이 과학적으로 탐구를 계획하고 수행하도록 어떻게 도와줄 수 있을까?
- 아동이 활동을 통해 학습했다는 것을 어떻게 확신할 수 있을까?
- 아동이 학습을 하고 있는지 어떻게 알 수 있을까?

이 책은 바로 이러한 질문에 대해 다루고 있다. 초등 과학을 가르치는 일과 관련된 모든 것을 포괄적으로 다루고 있지는 않지만 아동, 교사, 그리고 교육 자료 사이의 일상적인 상호작용을 증진시키는 방법을 구체적으로 제시한다. 이러한 상호작용은 진정한 학습 경험을 위한 아동의 활동에 큰 영향을 주기 때문이다.

1980년대 초반 이후부터 늘어난 아동의 과학 학습에 대한 연구는 학습 과정, 아동의 생각 형성, 과학 개념과 과정 기능의 발달을 증진시키는 경험의 종류에 대해 더 잘 이해할 수 있도록 했다. 이 부분에 대해서는 아직도 우리가 알아야 할 것이 많이 있지만, 현재까지 이해된 바로는 교사 역할의 핵심적인 측면은 다음과 같다는 것을 시사한다. 질문하고 질문에 답하기, 아동이 질문하고 탐구를 통해 답할 수 있도록 격려하기, 아동이 의사소통을 통해 자신의 생각과 추론을 명확히 밝힐 수 있도록 이끌어 주기, 과학의 과정 기능, 개념 및 태도의 발달을 위해 지원하기 등이다. 덧붙여 교사가 형성 평가를 할 때 학습에 상당한 진전이 뒤따른다는 것을 알게 되었다. 즉, 교사가 아동을 가르치면서 아동의 생각과 기능에 대한 정보를 수집하고 사용하기, 아동이 자신의 학습을 개선할 수 있는 방법에 대한 피드백 형태로 정보를 아동과 공유하기, 그리고 아동이 자기 자신의 발전을 평가하는 데 참여하기 등을 의미한다. 따라서 이 책은 아동 학습에서 교사가 지녀야 할 태도에 초점을 맞춰 구성되었다.

다시 쓰거나 개정된 정도는 각 장에 따라 다르다. 조스 엘스트지스트(Jos Elstgeest)와 실라 젤리(Sheila Jelly)가 쓴 두 개의 장(3장과 4장)은 수정하지 않고 이전 내용을 그대로 실었다. 이 두 장은 세월의 시험을 견뎌내며, 거의 이십 년 전에 처음 쓰였을 때와 같이 오늘 날에도 여전히 직접적이고 적절한 메시지로 교훈을 주고 있다. 다른 장들은 대부분 다시 작성하여 최신의 자료로 교체했다. 또한, 풍부한 사례를 사용하여 원래 가지고 있었던 적합성, 유용성, 명확성을 유지하려고 노력했다. 마지막 형성 평가에 관한 장은 완전히 새롭게 쓰여졌다. 각 장은 주요 내용의 간추림으로 마무리했고, 교사가 취할 수 있는 행동에 대한 여러 제안을 열거했다.

각 장의 개요

1장: 왜, 어떤 과학을 가르쳐야 할까?

이 장은 초등 과학을 가르치는 것과 관련하여 '왜?, 무엇을?, 어떻게?'라는 질문에 대한 것이다. 먼저 '왜' 과학을 가르치는지에 대한 답은 탐구 기능의 사용과 발달을 통해 아동이 자신의 환경에 대한 과학적 측면을 이해하도록 도와주기 때문이다. 이러한 탐구 기능은 일생을 통해 학습이 계속될 수 있도록 한다. 또한 과학을 가르치든 가르치지 않든 간에 아동은 과학적 측면에 대해 자신의 생각을 발전시키지만, 이들 생각은 종종 과학적이지 않고 그러한 잘못된 생각이 그 이후의 학습을 방해할 수 있기 때문이다. 그래서 초등학교 때부터 과학을 배우는 것이 중요하다. '어떤 과학(what science)'을 가르쳐야 하는지는 과정 기능(process skills), 개념 및 태도 영역을 제안한다. 이는 초등학교 수준의 아동을 위한 과학 학습 목적으로 적절하기 때문이다. '어떻게(how)' 가르쳐야 하는지는 탐구 과정을 서술하는 일련의 단계를 제안한다. 이것은 탐구를 통한 학습구조(a framework for learning)로 이어지며, 나머지 다른 장과도 연관을 갖는다.

2장: 아동과 과학을 함께 맺어주기

제목에서 알 수 있듯이, 이 장은 아동이 탐구를 통해 학습할 수 있는 준비단계에 관한 것이다. 아동이 학습 동기를 갖도록 하는 것은 중요한 목표다. 이러한 방식의 학습은 만족감을 주기 때문이다. 즉 외적으로 동기화되는 것이 아니라 내적으로 동기화되는 것을 뜻한다. 외적으로 동기화된다는 것은 학습 그 자체보다는 상금이나 좋은 성적과 같은 외적 보상에 의해 학습이 일어나는 것으로, 이해하는 학습보다는 오히려 표면적인 학습을 부추긴다. 이 장에서는 아동이 학습을 즐길 수 있는 분위기를 만들기 위한 교사의 역할을 논의한다. 교사는 아동이 증거를 가치 있는 것으로 여길 수 있도록 돕는 것이 중요하다. 과학적 사실에 근거하여 올바른 답을 아동에게 증거도 없이 요구하기보다는 아동이 이용할 수 있는 증거와 일치하는 것을 '정답'으로 받아들이는 것이 중요하다.

3장: 적절한 순간에 올바르게 질문하기

조스 엘스트지스트가 쓴 이 장은 '올바른' 그리고 '잘못된' 교사의 질문에 대한 것이다. 여기서 '올바르다'는 의미는 질문이 탐구를 격려하는 데 효과적이라는 것을 뜻한다. 따라서 저자는 이러한 질문을 '생산적'이라고 서술한다. 그 반대의 경우가 '잘못된' 또는 '비생산적'인 질문이다. 이 장의 후반부에서 조스는 또한 아동의 '왜'라는 질문에 교사가 어떻게 반응해야 하는지 몇 가지 도움말을 제시한다. 그러한 제안은 실라 젤리가 다음 장에서 좀더 깊이 다룬다. 이 장은 초판의 내용을 그대로 유지했다.

4장: 아동이 질문하도록 도와주기 – 그리고 대답하기

이 장에서 실라 젤리는 아동이 '생산적'인 질문을 하도록 어떻게 도울 수 있는지에 관한 문제를 다룬다. 실라는 자유롭게 질문할 수 있는 분위기 만들기, 질문하는 시간주기, 호기심을 자극하는 학습 자료를 제공하기 등을 제안한다. 그리고 그녀는 아동이 제기한 질문을 다루는 법에 대해서도 중요한 조언을 제공한다. 그 핵심은 대답하기 '어려운' 질문을 탐구의 출발점으로 바꾸는 기법을 발달시키는 것이다.

5장: 아동 자신의 생각을 진지하게 다루기

이 장의 앞부분은 아동이 자신의 이전 경험과 사고로부터 형성한 생각에 대한 증거를 제시한다. 이 사례들은 아동의 생각에 대한 공통적인 특징을 보여주고, 좀더 과학적으로 생각할 수 있도록 돕는 방법을 보여준다. 또한 교사가 아동의 생각을 알 수 있는 방법에 대해서도 논의한다. 이 방법은 9장의 형성평가와도 관련이 있다. 뿐만 아니라 아동이 자신의 생각을 발달시킬 수 있도록 돕는 방안도 이 장에서 논의한다.

6장: 아동이 탐구를 계획하고 해석하도록 도와주기

탐구를 계획하고 수행하는 것은 질문 제기에서부터 결론을 발표하기까지 모든 과정 기능을 포괄한다. 그러나 다른 장에서 질문하기, 관찰하기, 의사소통하기 기능을 다루고 있기 때문에 이 장에서는 계획하기, 특히 변인을 다루고 통제하기, 결과를 해석하기에 초점을 맞춘다. 모든 탐구의 유형이 '공정한 검사(fair testing)'는 아니다. 다른 종류의 탐구도 논의되고 그 예를 제시한다. 이 장의 마지막 부분에서는 계획하기 판의 사용과 함께 아동의 탐구 계획을 지도하는 방법을 종합하여 설명한다.

7장: 아동이 관찰하는 것을 도와주기

관찰은 모든 유형의 탐구에서 사용되며, 처음 탐색하는 과정부터 측정을 통해 증거를 더욱 체계적으로 수집하는 과정까지 여러 시점에서 사용된다. 관찰은 감각을 통해 정보를 받아들이는 것 그 이상이다. 그래서 이 장은 관찰의 복잡한 성질과 개념 형성의 중요성에 대해 다룬다. 개념 형성은 사물과 현상 중에서 규칙성(패턴), 유사성과 차이, 그리고 그 밖의 연관성을 찾아냄으로써 이루어지기 때문이다. 이러한 관찰 능력을 발달시키는 데 있어 교사가 할 수 있는 역할은 시간과 기회를 주고, 감각을 확장하는 도구를 제공하기, 컴퓨터 자동측정 장치와 탐침(sense probes)을 사용하기, 그리고 토론하기 등이 있다.

8장: 아동이 의사소통하는 것을 도와주기

학습에 있어서 의사소통은 방대한 주제다. 이 장에서는 의사소통의 세 가지 형태인 토론, 공책이나 일지 사용하기, 그리고 표현(그리기, 색칠하기 및 모형 만들기)에 초점을 맞춘다. 이 모든 세 가지 형태의 장점은 의사소통 행위가 다른 사람뿐만 아니라 아동 스스로에게 자신의 생각과 추론을 분명하게 하도록 요구한다는 것이다. 따라서 의사소통은 종종 그 자체가 학습 경험이 된다. 뿐만 아니라 교사에게는 아동이 무엇을 성취했는지, 발달 과정 중 어떤 단계에 있는지에 대한 증거를 제공한다. 하지만 의사소통만으로 목적을 이루는 것은 아니다. 그래서 이 장은 아동이 자유롭게 의사소통할 수 있는 상황을 설정하고 그러한 분위기를 만들기 위해 교사가 취할 수 있는 방안을 제시한다.

9장: 학습을 위해 평가하기

이 장은 주로 형성 평가에 관한 내용을 다룬다. 즉, 학습을 도와주는 지도 방안의 하나로 평가를 사용하는 것을 말한다. 총괄 평가의 목적과 본성 또한 논의된다. 시험 결과를 경쟁 목적(high-stakes purposes)으로 사용하면 교육 과정의 범위를 축소하는 효과를 가져 올 수 있다는 점에 유의해야 한다. 학습을 증진시킬 수 있는 형성 평가의 강력한 잠재력을 실현시키려면, 교사는 아동의 생각과 기능에 대한 증거를 수집하고, 수집한 증거를 사용하여 자신의 수업을 개선하며, 아동에게 학습의 다음 단계와 그 방법을 제시해야 한다. 아동의 발전을 평가하는 데 아동 자신을 참여시키는 것과 목표를 아동과 공유하는 것 또한 형성 평가의 중요한 핵심 요소다.

감사의 글

여러 나라에서 모인 과학교육자들이 초등학교 교사의 과학 지도를 도와주면서 자신들이 겪었던 특별한 경험에 대해 얘기를 나눌 기회가 있었다. 그것은 5세에서 13세 아동에게 과학을 어떻게 가르쳐야 하는지에 관한 것이었다. 원래 '초등 과학교육에 뛰어들기'는 이들 소수 과학교육자 집단의 산물이었다. 초판이 오랫동안 사랑받은 것은 교사의 역할이 계속해서 중요할 뿐만 아니라 저자들이 교사들의 주요 관심사를 잘 찾아내고 다루었다는 것을 뜻한다. 이 책을 개정하면서 나는 초판의 강조점을 그대로 유지하려고 했다. 질문하기, 아동의 생각 고려하기, 아동의 관찰과 탐구 도와주기, 결과를 의사소통하도록 격려하기, 아동의 발전을 평가하기가 그것이다. 책의 두 장은 수정을 하지 않고 그대로 두었다. 하나는 조스 엘스트지스트(Jos Elstgeest)가 쓴 장이고, 다른 하나는 실라 젤리(Sheila Jelly)가 쓴 장이다. 로저 오즈본(Roger Osborne)과 데이비드 사이밍턴(David Symington)이 쓴 장은 많은 부분이 수정됐지만 개정에 많은 도움을 주어, 이 책에 계속 그 내용을 담게 된 것에 나는 깊이 감사한다.

목차

Chapter 1

왜, 어떤 과학을 가르쳐야 할까?

'머리말'에서 언급했듯이 이 책은 교실에서 발생하는 과학 활동의 상호작용에 관한 것이다. 항상 아동이 무엇을, 어떻게 배워야 하는지에 대한 현실적으로 필요한 조언은 우리의 판단에서 나온다. 그리고 이러한 판단은 다시 교육에 있어 **과학의 본성**과 그 역할에 대한 견해에서 출발한다. 왜 초등학교에서 과학을 가르치고, 어떤 종류의 과학을 가르쳐야 하는가? 이러한 질문에 대한 답은 이 책의 여러 장에 함축되어 있다. 이 책의 첫 번째 장에서 우리는 아동이 과학을 배우는 것이 왜 중요한지, 그리고 아동이 학교에 들어갈 시기부터 11~12세의 나이에 이르기까지 무엇을 어떻게 배우는 것이 중요한지 살펴볼 것이다.

왜 과학을 가르쳐야 할까?

과학을 배우는 것은 아동이 주변 세계를 이해하고 그것을 이해하는 방식을 발달시키는 데 도움이 된다. 이를 위해 아동은 자신의 경험들을 함께 연결시킬 수 있는 개념을 형성해야 한다. 또한, 정보를 수집하고 조직하는 방법, 그리고 생각을 적용하고 검증하는 방법을 배워야 한다. 이러한 학습은 아동이 주변 사물을 더 잘 이해할 뿐만 아니라, 자신의 삶에서 문제를 해결하고 폭넓게 의사결정하는 데 있어 더 효과적으로 대처하게 한다. 이러한 이유에서 과학을 배우는 일은 셈하기나 읽기 · 쓰기 능력과 같이 기본적인 교육의 일부라고 할 수 있다. 기술이 더 복잡해지고 우리 삶의 모든 부분에 영향을 미치면서 과학 학습은 나날이 더 중요해지고 있다.

과학을 배우는 일은 생각하는 과정과 행동을 포함하고, 그 산물은 일련의 과학적 생각이나 개념, 그리고 그것에 수반된 **과정 기능**(process skill)에 대한 지식을 포함한다고 할 수 있다. 과학의 과정은 정보를 찾고 생각을 검증하며, 설명을 추구하는 방법을 제공한다. 과학적인 생각은 새로운 경험을 이해하는 데 도움이 된다. 여기서 '**~할 수 있다**'라는 말은 과학 활동이 여러 가지 혜택을 줄 가능성은 있지만, 적절한 조처 없이 실현되기는 어렵다는 의미를 담고 있다.

과학을 학습하는 데 있어 과정과 개념은 반드시 함께 사용되고 발달해야 한다. 이 두 가지는 서로 분리될 수 없다. 사소하거나 비과학적인 내용에 과정 기능을 사용하는 것은 과학이라 할 수 없다. 그건 어떤 이해도 발달되지 않기 때문이다. 과학적인 내용에 사용되지 않는 과정은 과학적 과정이라고 할 수 없기 때문에, '내용과 무관한(content-free)' 활동을 통해 과학 과정 기능을 발달시킬 수는 없다.

가설 세우기, 예상하기, 자료 수집하기, 그리고 해석하기 등과 같은 많은 동일한 과정이 다른 교과, 특히 사회 과목과 관련되어 사용될 수 있다. 그렇지만 이러한 과정이 오직 과학 교과에서 사용될 때만 과학 과정 기능(science process skills)이라고 인정된다. 마찬가지로, 과정 기능을 사용하지 않고 과학적 생각을 발달시키려는 시도는 암기 학습으로 귀착되며, 그러한 지식은 학습된 상황에만 국한될 뿐 새로운 경험을 이해하는 데 거의 도움을 주지 못한다. 다시 말해, 과정 없이 내용만 이해하는 학습이 일어나지 않도록 해야 한다. 이해라는 개념은 학습된 상황이 아닌 다른 상황에서 지식을 적용할 수 있는 것을 말하기 때문이다.

과정과 개념의 상호의존성은 교육에서 아동에게 필요한 활동의 종류와 교사의 역할에 중요한 시사점을 가지고 있다. 이러한 시사점을 살펴보기 전에, 과학을 초등교육에 처음부터 포함시켜야 하는 두 가지 중요한 이유를 언급할 필요가 있다.

첫째, 우리가 아동에게 과학을 가르치거나 가르치지 않거나, 아동은 매우 어릴 때부터 주변 세계에 대한 생각을 발달시킨다. 여러 연구를 통해 이에 대한 명백한 증거가 제시되었다(5장 참고). 만일 이러한 생각이 우연한 관찰과 조사되지 않은 사건, 근거 없는 소문 등을 바탕으로 한다면, 비과학적인 생각이 '일상'이 되기 쉽다. 우리 주변에는 아동이 쉽게 믿을 수 있는 생각이 많이 있다. 예를 들어, 우리 어머니는 햇빛이 불에 비치면 불이 꺼질 것이라고 믿었고, 치즈 구더기는 치즈가 변하면서(어머니가 어렸을 적에 흔히 겪었던 일로 그 시절엔 음식을 포장하지 않은 채로 팔았다) 자연적으로 생기는 것이라고 믿었다. 또한, 전선이 꼬여 있지 않으면 전기가 더 쉽게 흐른다고 생각하셨다. 이런 근거 없는 사실을 여전히 많은 사람들이 믿고 있고, 특히 광고 문구에도 많이 사용되고 있다. 의심할 여지없이 이러한 생각은 아동이 자신의 경험을 이해하는 데 영향을 미친다.

이와 같이 주변에서 주워들은 정보로 생각하기도 하지만 아동 스스로가 비과학적인 생각을 만들기도 한다. 예를 들어, 대부분의 아동은 자신이 관찰한 결과를 바탕으로 물체를 움직이기 위해서는 힘이 필요하고, 힘을 주지 않으면 물체가 멈춘다는 결론을 내린다. 또 붉은 녹은 금속 안에서 나오고, 무거운 것은 가라앉고 가벼운 것은 뜬다고 생각한다. 이런 일반적인 사실은 쉽게 검증될 수 있다. 과학 교육은 아동이 검증해보고 싶도록 해야 하고, 아동에게 그렇게 할 수 있는 기능을 제공해야 한다. 그러면 아동은 자신의 생각을 올바르게 고칠 기회를 가질 뿐 아니라, 소위 진실이라는 것도 증거를 갖지 못하면 의심해야 한다는 것을 배우게 된다. 결국 아동은 모든 생각이 결코 '옳다고' 증명될 수는 없지만, 실험과 경험적 증거가 일치한다면 유용한 작업가설(임시 설명)이라는 것을 깨닫게 된다.

초등교육에서 과학 학습을 일찍 시작해야 하는 이유는 이중적이다. 그 한 면은 어떤 생각이 유용한 생각이 되기 위해서는 증거와 일치해야 한다는 점을 아동이 깨닫기 시작할 것이라는 것이고, 다른 한 면은 과학 개념이나 증거와 갈등을 일으키는 일상적인 생각을 받아들이거나 만드는 일이 줄어들 것이라는 점이다. 비과학적인 생각이 오랫동안 굳어지면 기존의 생각을 쉽게 변화시키기 어렵다는 것을 보여주는 연구 결과들이 있다. 많은 아동은 활용할 수 있는 과학 개념이 부족할 뿐만 아니라 과학 수업을 이해하는 데 방해가 되는 **딴생각**(alternative ideas)[1]을 가진 채로 중학교 과학 수업에 들어간다

---

1) **역자 주**: 아동이 지닌 다양한 생각을 선개념, 대안개념, 오개념, 아동 과학 등 다양하게 부르고 있으나 여기서는 과학 개념과 다르다는 의미로 '딴생각'으로 번역했다.

(Osborne and Freyberg, 1982, 1985).

과학을 초등교육에 포함시켜야 하는 두 번째 이유는 과학이라는 과목을 대하는 태도와 관련 있다. 과학에 대한 태도는 다른 교과보다 좀더 일찍 형성되며, 보통은 11세나 12세의 나이에 과학의 선호에 대한 분명한 입장을 갖는다는 연구 결과가 있다(Ormerod & Duckworth, 1975). 아마도 쉽게 접할 수 있는 대중매체에서 일반적으로 역사나 지리학에 관한 정보보다는 과학의 발달이나 응용을 좀더 많이 다루기 때문일지 모른다. 그러나 자신이 가지고 있던 생각이 학교에서 배운 내용과 달라 아동이 혼란스러움을 겪는다면, 과학에 대한 부정적인 태도를 발달시킬 수 있다. 이러한 경우 과학은 공부하기 어려운 것으로 생각되고 자신의 경험을 통해 이루어진 사물에 대한 이해와도 연결되지 않는다. 또한, 나중에 중등학교에서 과학을 계속 공부하려는 마음과 행동에 영향을 미치게 된다. 초등과 중등 경계에서 이러한 위기를 피하기 위해서는 초등학교 수준에서 더욱 효과적인 과학교육을 통해 많은 것이 이루어질 수 있도록 해야 한다.

어떤 과학을 가르쳐야 할까?

아동이 자신의 힘으로 자기 자신의 행동을 통해 어떤 것을 알아 낼 수 있다는 것을 깨달을 때, 아동을 위한 과학교육이 시작된다. 예를 들어, 아동은 한 움큼의 모래를 체로 치고, 비눗방울을 불고, 소금을 물에 넣고, 서로 다른 물질을 비교하고, 달과 별을 규칙적으로 관찰하는 행동을 할 수 있다. 그리고 처음 활동을 시작할 때 아동이 가지고 있던 생각은 그들이 무엇을 했는지, 무엇을 보았는지, 일어난 일을 어떻게 해석했는지에 따라 달라지기도 한다. 우리가 흔히 이야기하는 과학은 주변의 물질과 사물에 대한 간단한 탐구를 통해 발달될 수 있는 기본적인 개념이며 이에 대한 탐구는 여러 출처에서 나온 정보와 토론에 의해 도움 받는다. 즉, 활동을 통해 어떤 생각을 갖게 되는 지는 단지 사건뿐만 아니라 아동이 추론하고 정보를 처리하는 방식, 그들의 과정 기능에 따라 달라진다.

개별적인 과정 기능은 서로 다른 교육 과정이나 표준 지침서에 조금씩 다르게 규정된다. 하지만 대부분 많은 공통점을 가지고 있고 다음과 같이 글상자 1에 제시된 과정들로 구성된다.

글상자 1 과학 과정 기능

- 관찰하기(측정하기 포함)
- 질문하기(탐구 가능한 것과 가능하지 않은 것 구별하기)
- 가설 세우기(가능한 설명 제안하기)
- 예상하기(가설을 바탕으로 어떤 일이 일어날지 말하기)
- 탐구를 계획하고 수행하기(공정하게 검사하기 포함)
- 얻은 정보를 해석하기(규칙성 찾기, 추리하기, 결론 내리기)
- 의사소통하기(기록하기, 발표하기, 토론하기)

과학 과정 기능은 여러 가지 방법으로 범주화될 수 있다. 예를 들어, 영국 국가 교육 과정(NC: National Curriculum)에서는 이들 과정이 '계획하기', '증거를 얻고 제시하기', '증거를 고찰하고 평가하기' 등의 이름으로 구분되어 있다. 미국 과학교육 표준(NSES: National Science Education Standards)에서는 '과학 탐구를 통해 답할 수 있는 문제를 확인하기', '과학 탐구를 설계하고 수행하기', '적절한 도구와 기법을 사용하여 관찰 자료를 수집하고, 분석하고, 해석하기', '증거를 사용하여 서술하고, 설명하고, 예상하고, 모형 만드는 능력을 발달시키기', '비판적이고 논리적으로 사고하여 증거와 설명 사이의 관계를 만들기' 등으로 범주화 되어 있다.

어떤 과정 기능은 한 가지 이상의 범주에 포함되기 때문에 정확하게 분류할 수는 없다. 단순히 정보를 수집하는 것을 넘어, 그것을 이해하고 거기서 생기는 새로운 생각을 검증해 보려는 것에 주목할 만한 가치가 있는 것이다. 이런 방식으로 아동이 발달시킨 생각은 다른 사람의 세계관으로부터 나온 것이 아니라 스스로의 사고를 통해 생긴, 아동 자신의 것이 된다.

물론 과학교육의 목표는 아동이 자신의 주변 세계에 대해 갖고 있는 생각이 증거와 일치되도록 생각을 발달시키는 것이다. 이것은 우리가 소위 **'사물**

에 대한 과학적 견해(the scientific view of things)'라고 부르는 것이다. 효과적인 과학 수업의 핵심은 아동에게 '정답'을 요구하지 않고 그들 스스로 생각을 발달시킬 수 있도록 하는 것이다. 그렇지만 우리는 어떤 개념이나 생각에 대해 이야기하고 있는가? 지금까지 전개된 논점에서 볼 때, 그것은 다음과 같다.

- 아동의 일상에서 일어나는 일과 그들 자신의 경험을 이해하도록 돕는 것.
- 발달 중인 아동의 제한된 경험과 사고방식을 고려하여 아동 스스로 뜻을 파악할 수 있는 것.
- 아동이 과정 기능의 사용을 통해 접근할 수 있고 검증할 수 있는 것.
- 과학적 소양의 발달과 앞으로의 과학교육을 위해 기반을 제공하는 것.

생각은 늘 단순한 것에서 복잡한 수준으로 발달될 수 있기 때문에 어떤 내용에 관한 목록을 고찰할 때 이러한 준거를 염두에 두는 것은 중요하다. 글상자 2의 목록은 대부분의 교육 과정이나 표준 지침서에 포함되어 있는 내용이다.

글상자 2 과학 개념

- 생물과 생명 과정(생물의 특징, 생물의 구성과 각 부분의 기능, 생식과 유전, 조절, 인간 건강 등)
- 생물과 환경의 상호작용(경쟁, 다양성, 적응, 오염의 영향 및 기타 인간 활동 등)
- 물질(물질의 다양성, 특성, 자원, 활용, 상호작용, 보존, 쓰레기 처리 등)
- 공기, 대기, 날씨(지구 대기의 존재, 날씨의 특징, 구름 · 비 · 서리 · 눈의 원인, 이상기후 등)
- 지구의 구조와 역사(암석, 토양 및 지구의 물질, 비옥한 토양의 유지, 화석연료, 광물 및 한정된 자원으로서 광석)
- 우주 속의 지구(태양, 달, 별, 행성, 밤과 낮, 계절 변화의 원인)
- 힘과 운동(운동을 시작하기와 멈추기, 속력과 가속도, 간단한 도구, 교통수단 등)
- 에너지원과 사용(열, 빛, 소리, 전기 등의 원천)
- 사회 속의 과학과 기술(과학 · 기술의 본성과 역사, 이들이 사회에 미치는 영향)

아동의 과학 활동에서 얻을 수 있는 또 다른 중요한 결과는 태도와 관련된 것이다. 앞에서 언급했듯이 아동에게 참된 과학 활동의 경험을 제공하는 이유 중 하나는 아동이 과학에 대한 근거 있는 태도를 형성하도록 하기 위한 것이다. 또한 그에 못지않게 글상자 3에 제시된 것과 같은 **과학적 태도**도 중요하다.

이러한 태도가 과정 기능의 발달과 사용에 영향을 주기 때문에 과학교육의 중요한 목적이 된다는 것은 쉽게 알 수 있다. 과학적 태도의 형성이 과학을 가르치는 방식에 따라 매우 달라진다는 것 또한 자명하다.

글상자 3 과학적 태도

- 호기심(문제를 제기하고 답을 찾기 바라는 것)
- 증거에 대한 존중(생각을 검증하기 위해 증거를 수집하고 고려하는 것)
- 개방적인 마음(증거에 비추어 기꺼이 생각을 바꾸는 것)
- 비판적 성찰(새로운 생각과 증거로 예전에 알고 있던 것을 어떻게 이해할 수 있는지 고찰하는 것)
- 생물 환경과 무생물 환경에 대한 감수성(탐구 대상에 해를 끼치지 않는 것)

어떻게 가르쳐야 할까?

과정 기능, 태도, 개념(생각)을 발달시키려는 목적을 달성하기 위해 아동은 어떤 경험을 해야 하는지 결정할 때 서로 다른 단계에 있는 아동의 학습 방법을 고려해야 한다. 5살, 9살, 13살 등 아동의 나이에 따라 '주변 세계에 대한 이해'는 서로 다르다. 아동의 이해 능력이 다르기 때문에 그들이 바라보는 세계도 다르다. 어린 아동의 생각은 자신의 제한된 세계에 맞춰진다. 아동의 생각은 이해 능력과 경험에 맞춰 수정되고 확장돼야 할 것이다. 또한 아동의 정신적, 신체적 기능도 발달할 것이다. 예를 들어, 관찰하기 기능은 가장 뚜렷한 유사성과 차이를 관찰하는 것(그것이 잘 구별되지 않는 어린 아동에게 적절한)에서부터 관찰된 내용의 연관성과 세부사항을 주목하는 것(좀더 많은 경험을 가진 아동에게 적절한)으로 발전할 것이다.

학교 활동은 아동이 초등학교 수준에서 학습할 수 있는 방식을 고려해야만 한다. 이 시기는 행동하기(doing)와 생각하기(thinking)가 밀접하게 관련되어 있다. 이해는 사물에 대한 아동의 경험에 따라 달라진다. 이 말은 모든 것을 직접적인 상호작용을 통해 배워야 한다는 말이 아니다. 아동이 생각과 증거를 구별할 수 있다는 전제하에서, 자신이 받아들인 생각이 증거와 부합된다는 것을 아동이 만족할 수 있어야 한다는 뜻이다. 이러한 생각 중 일부는 아동 자신에 의해 발견되거나, 다른 아동이나 교사의 의해 제공받기도 하며, 혹은 책에서 찾은 것일 수도 있다. 모든 경우에 있어 생각은 증거가 뒷받침돼야 하고, 비판적으로 조사돼야 하며, 필요한 경우 증거를 바탕으로 수정되거나 재구성돼야 한다. 바로 여기서 과정 기능이 필요하게 된다. 다시 말해, 정보를 수집하고 해석하며 공정한 검사 및 탐구 유형을 고안하고 수행하여, 결과를 전달해야 한다.

그래서 학습 활동은 과정 기능, 태도, 개념이 함께 발달되도록 이루어져야 한다. 아동이 학습한 내용뿐만 아니라 학습하는 방법을 강조하는 이유가 바로 그것이다. 어떤 아동은 요리책을 보고 요리하는 것처럼 지시에 따라 특정한 활동만을 수행할 수도 있고, 또 어떤 아동은 자신의 방법을 생각해 보면서 단계별로 차분하게 수행할 수도 있다. 이러한 차이는 교사가 활동을 준비하는 동안, 그리고 수행하는 동안 어떻게 지도하는지에 달려있다. 아동을 단지 신체적인 활동만 하게 하는 것은 효과적인 과학 수업이라 할 수 없다. 활동은 경험과 사고를 위한 수단이며 사고는 의사소통과 토론을 통해 증진된다. 이 과정에서 교사의 역할은 아동의 학습에 매우 결정적이다.

과학 학습이 어떻게 일어날 수 있는지 전반적인 상을 마음에 그려보는 것은 도움이 된다. 다시 말해, 아동은 어떻게 자신의 처음 생각(증거에 기초하지 않고 첫인상이나 소문에 바탕을 둔 생각)에서 과학적 견해(위에서 정의한 것과 같은)로 전진할 수 있는가? 일반적으로 이러한 과정은 점진적인 발전이다. 우리는 아동이 자신의 처음 생각을 단번에 뛰어넘어 어떤 새로운 생각을 완벽하게 이해하리라고 기대하지 않는다.

아동은 새로운 경험을 할 때 자신의 과거 경험을 바탕으로 예전 경험과 새로운 경험을 관련지어 생각한다(5장 참고). 이 같은 사실은 아동뿐만 아니라 모든 학습자에게 적용되는 사실이다. 일반적으로 새로운 경험을 이해하기 위해서는 이미 알고 있는 것과 관련지어 생각한다. 아동과 어른은 새로운 것을 이해하는 데 이용할 수 있는 일련의 경험과 기존 생각의 범위에 큰 차이가 있다. 예를 들어, 나는 대부분의 아동이 얼음이 들어있는 차가운 깡통의 표면에 생긴 물기를 보고, 깡통 속에 들어 있는 얼음물이 새어나온다고 설명하는 것을 보아왔다. 이것은 물이 있는 곳에서만 물기가 생겨야 한다는 생각에 기초한 그럴듯한 설명이다. 공기 중에 차가운 표면에 응결할 수 있는 수증기가 있다고 생각하지 못한다면 당연히 그렇게 생각될 것이다. 그러면 아동이 좀 더 과학적으로 접근할 수 있도록 어떻게 도울 수 있을까?

첫 번째는 아동의 생각을 진지하게 고려하는 것이다. 그러한 생각은 검증될 수 있는 그럴듯한 가설이다. 검증하는 일은 다음과 같이 진행될 수 있다.

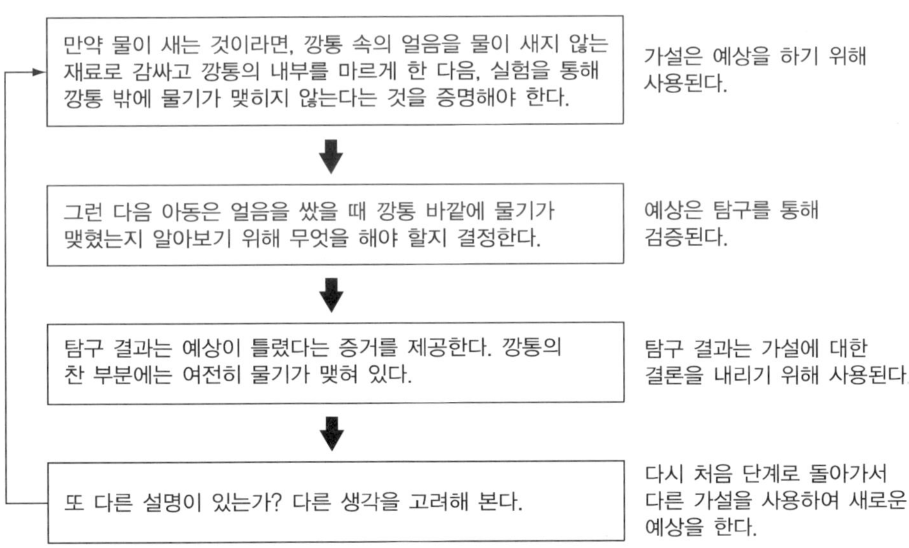

때때로 이러한 순환 과정은 실제적인 실험보다 '사고 실험'을 통해 매우 빠르게 진행된다. 보통 성인들은 이러한 방식으로 추론할 수 있고, 즉시 자신의 생각과 다른 설명을 받아들일 수 있다. 비록 예상이 증거와 맞지 않더라도 학습은 일어난다. 증거가 예상과 일치하여 가설을 지지하면 그 바탕에 깔린 생각은 한층 강화된다. 만일 아동이 물기가 주변에 있는 공기에서 나와야 한다고 제안한다면(예를 들어, 아동은 더운 물로 샤워할 때 목욕탕 안의 차가운

표면에 뿌옇게 '김이 서리는 것'을 본 적이 있기 때문에), 공기 중에 있는 수분에 대한 그들의 생각은 확장되고, 따라서 아동은 보이지 않더라도 수증기가 존재한다는 것을 이해하기 시작한다. 그렇지만 실험의 결과는 아동의 처음 생각뿐만 아니라 검증되는 방법에 따라서도 달라진다. 다시 말해, 여러 과정(가설 세우기, 예상하기, 해석하기 등)이나 수행 방법에 따라 그 결과가 달라질 수 있다.

이러한 과정을 일반화하면 우리는 탐구 학습을 서술하는 기본적인 구조를 갖출 수 있다. 먼저 우리는 위의 예시 앞부분에 두 단계를 추가해야 한다.

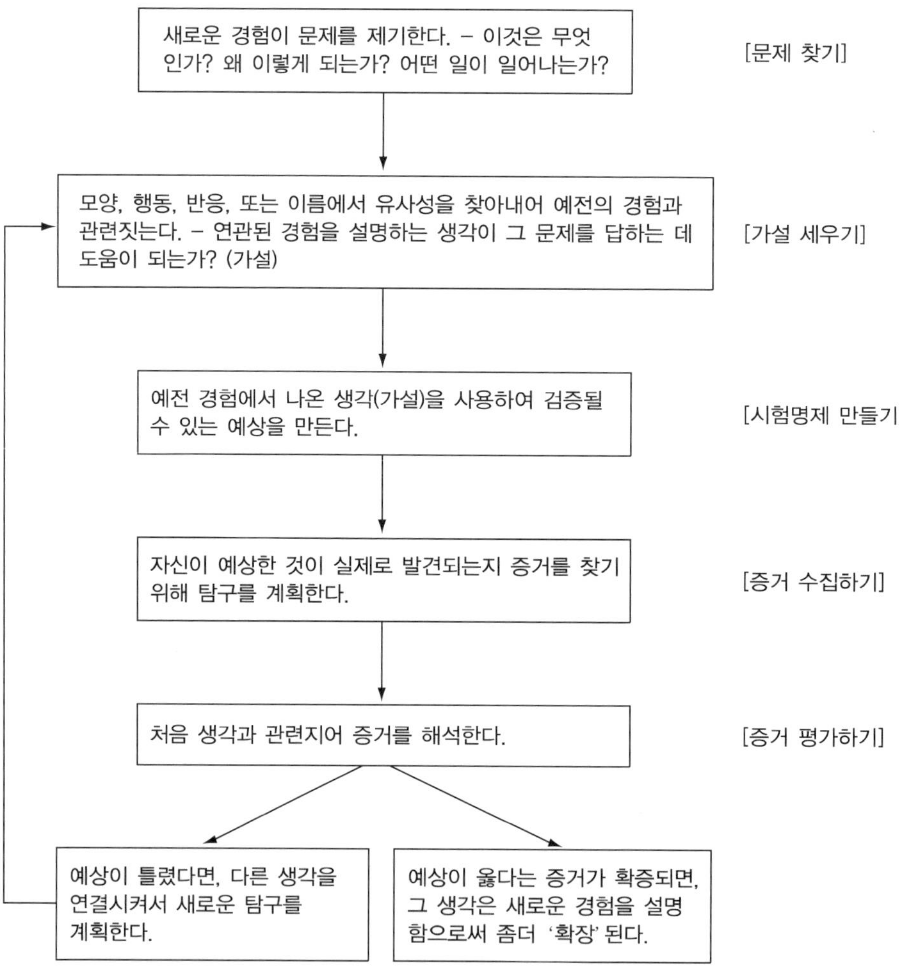

그림 1-1. 탐구를 통한 학습구조

탐구를 통해 답할 수 있는 문제를 확인하는 단계와 문제에 대한 그럴듯한 설명을 만들기 위해 예전의 경험에서 나온 증거를 사용하는 단계이다. 따라서 전체 과정은 그림 1-1과 같다.

이 책의 나머지 장에서는 그림 1-1에서 서술된 학습 과정을 바탕으로 교사가 해야 할 역할을 살펴볼 것이다. 2장은 이러한 탐구 학습을 유발하는 상황과 수업 분위기를 조정하는 것을 다룬다. 3장과 4장은 아동의 학습에 초점을 맞춰 생산적인 질문을 제기하는 방법과 아동이 물어보는 다양한 유형의 질문을 다루는 방법에 관한 것이다. 5장은 아동의 예전 경험에서 형성되기 쉬운, 생각에 대한 몇 가지 사례와 통찰을 제공한다. 또한 아동이 자신의 생각과는 다른 생각을 마주하는 과정에서 교사의 역할을 살펴본다. 6장에서는 아동이 탐구를 계획하고, 수행하며, 자신의 탐구 결과를 해석하도록 교사가 도울 수 있는 몇 가지 방법을 제안한다. 7장은 관찰을 통해 아동이 자신의 생각을 발달시킬 수 있도록 증거를 수집하는 일에 관한 것이다. 원래 관찰은 처음 접한 새로운 경험부터 탐구를 완수하기까지 모든 단계와 관련되어 있다. 8장은 탐구를 통한 학습 과정 전체에서 핵심적인 역할을 하는 의사소통에 관한 것이다. 마지막으로 9장에서는 교사와 학생 모두에게 학습을 증진시키는 정보를 제공하는 데 있어 형성 평가를 사용하는 것(formative use)을 강조한다.

내용 간추림

이 장에서는 간단하게 초등학교 아동의 기본 교육에 과학을 포함시키는 것에 대해 살펴보았다. 중요한 점은 다음과 같다.

- 과학은 아동이 주변 세계의 과학적 측면을 이해할 수 있는 개념을 발달시키도록 돕는다.
- 과학은 아동이 자신의 경험을 이해할 수 있는 기능과 태도를 발달시킨다. 이것은 삶 전체에서 계속 필요한 것이다.
- 아동은 과학을 배우든 배우지 않든 자신만의 생각으로 과학을 이해하거나 다른 사람의 생각을 통해 지식을 얻는다. 그 중 대부분의 생각이 '비과학

적'인 것이다. 학교에서 배우는 과학은 초기 단계에서 아동이 자신의 생각을 검증하고, 증거를 사용하여 수정하거나 버릴 수 있도록 도와줌으로써 나중에 일어나는 학습을 방해하지 않도록 할 수 있다.

- 과학 활동에 참여하는 것은 증거를 수집하고 사용하려고 하는 의지와 능력을 발달시킨다.

초등학교 과학의 폭넓은 목표는 과정 기능, 내용에 대한 개념, 그리고 태도의 영역으로 설정되어 왔다. 비록 그것을 별도로 서술하더라도, 이러한 목표들이 상호의존적이라는 것이 강조되어야 한다. 특히,

- 과학 과정 기능은 과학 내용의 학습을 통해 발달된다.
- 과학적 이해는 과학 과정 기능의 사용을 통해 발달된다.

생각을 발달시키기 위해 과정 기능이 사용되는 학습구조가 제시되었다. 이러한 학습구조의 여러 부분에서 교사가 어떤 역할을 해야 하는지가 이 책 나머지 장의 주제다.

Chapter 2

아동과 과학을 함께 맺어주기

이 책의 초판본 2장은 원래 '만남, 상호작용 그리고 대화'라는 제목으로 조스 엘스트지스트(Jos Elstgeest)가 썼으며 다음과 같은 이야기로 시작한다.

> 어린 규리는 밝게 웃으며 발가벗은 채 해변의 젖은 모래 위를 뛰어 다녔다. 규리는 바닷가로 이동했다. 바다가 육지에 닿아 있는 그곳은 대양이 가까스로 대륙에 걸쳐 있었고, 지친 파도가 몸을 비탈로 이끌고 와서 모래 속으로 움츠리고 가라앉았다. 이런 일이 느리지만 규칙적인 리듬으로 일어날 때마다, 온통 작은 구멍이 모래 위에 생겨났다. 공기가 빠져나가면서 거품이 일고 보글보글 끓어올랐다. 이 작은 마술 같은 일이 아이의 호기심을 자극했다. 아이는 집중해서 그 구멍들을 일일이 손가락으로 찔러보았다. 새로운 파도가 밀려와 모래를 모두 쓸어버리고 새로운 구멍을 만들면, 규리의 놀이는 다시 새롭게 시작되었다. 그러다가 조류에 의해 엄청난 파도가 밀려와 아이를 넘어뜨리자 아이는 깜작 놀라 놀이를 포기하고 울어버렸다.
>
> 아동과 세상과의 이러한 만남을 목격하게 되면, 아동 적응과 아동 발달에 관한 모든 박식한 논문을 어두운 그림자 속으로 치워버리게 된다. 여기 이 바닷가에서 일어난 일처럼 말이다. 여기에는 더 설명할 것이 없다. 거품이 나는 구멍은 규리를 이렇게 초대한다. "이리와 봐, 우리를 좀 봐, 느끼고 찔러 봐." 그리고 정확하게 규리는 그렇게 행동했다. 아이는 아직 말할 수 없고, 한 마디도 주고받지 못하고, 아무런 질문도 하지 못하지만, 아이 자체가 바로 살아있는 질문이었다. "이게 뭐지?, 무엇을 하는 거지? 어떤 느낌이 날까?"
>
> 질문과 답이 한군데로 모여 함께 흐른다. 아동의 질문은 거품이 나는 구멍, 또는 사물에 대한 반응이다. 규리가 찾고 얻은 답은 아이가 탐색하는, 그 손가락을 통과한다. 완벽한 상호작용이다. 누가 감히 그걸 방해할 수 있겠는가?
>
> 이러한 만남은 아동의 삶에서 셀 수 없이 많이 일어난다. 아이들은 매일 자신의 세상에서 새로운 것을 마주한다. 그리고 그때마다 상호작용과 대화를 촉진하는 초대가 일어난다. "나를 봐, 나를 느껴 봐, 나를 만져 봐, 나를 시험해 봐, 내 냄새를 맡아 봐, 코를 대봐, 나를

> 핥아 봐, 나를 맛 봐, 내 소리를 들어 봐."
>
> 그것은 하늘의 구름일 수도 있고, 덤불 속의 새일 수도 있다. 토끼풀 위의 벌 혹은 거미줄 위의 거미, 꽃 속의 꽃가루 혹은 연못 속의 물결일 수도 있다. 부드러운 양털일 수도 있고, "쿵쿵!" 울리는 북소리일 수도 있으며, 비누 막에 생긴 무지개일 수도 있다. 주변의 모든 것에서 초대하는 소리가 들리고, 주변의 모든 것이 도전하라고 외친다. 질문은 늘 주변에 있고 답은 숨겨져 있으며, 아동이 그 열쇠를 가지고 있다.

여기서 우리는 아동과 일상적인 현상 사이에서 일어나는 교감을 시적으로 표현한 한 편의 글을 보았다. 배우려는 욕구를 자극하고 자연스러운 호기심을 아름답게 설명했다. 그러나 이 이야기를 읽고 나면 다음과 같은 두 가지 질문이 떠오른다. '아동과 사물, 아동과 세계와의 만남, 이러한 상호작용, 이러한 이미지가 학교 수업에서도 분명하게 나타날 수 있는가? 여러분 자신의 학교에서, 또는 여러분 자신의 수업에서도 나타나는가?'

친밀한 자연환경 속에서 이루어지는 아동의 자유롭고 비형식적(informal)인 탐색과 학교에서 수업의 일부로 이루어지는 아동의 활동 사이에는 분명히 커다란 차이가 있다. 이러한 자유롭고 비형식적인 탐색 속에는 어떤 상황의 학습과도 밀접하게 관련되는 요소들이 있다. 그러한 요소들은 우리가 학교 수업에서도 보존하고 싶은 것이다. 그것은 무엇인가? 이동이 과학을 공부하도록 지도할 때 그러한 요소가 존재한다는 것을 우리는 어떻게 확신할 수 있는가? 이 장에서는 학습을 위한 동기와 학습에 대한 주인의식, 증거의 사용, 그리고 탐구와 실험을 격려하는 분위기와 관련하여 몇 가지 가장 중요한 요점을 살펴볼 것이다.

학습을 위한 동기

모든 학습은 어떤 방식으로든 동기화된 것이지만, 동기의 종류는 다를 수 있다. 어떤 사람은 규리처럼 어떤 일이 일어나는지 알아내려는 순수한 흥미와 즐거움으로 동기화될 수 있고 또 어떤 사람은 벌에 대한 두려움으로 혹은 보상에 대한 욕구로 동기화되기도 한다. 아동이 기대한 만큼 성과를 내지 못해 야단을 치거나 자유를 억압할 때, 혹은 상을 받거나 선생님의 특별한 칭찬을 받기위해 노력을 기울일 때 그렇다. 또한 어떤 사람은 '최고'가 되거나 '반에서 1등'하기 위해 혹은 꼴지가 되는 것을 피하기 위해 동기화될 수 있다.

첫 번째 동기를 **내적 동기**라고 한다. 이는 학습에 만족하는 것을 의미하며, 학습하는 내용과 참여하는 방식에 만족한다는 것이다. 과제에 대한 내적 동기가 있다면 학습자는 흥미를 갖고 학습을 지속하고, 추가적인 학습에 참여하며, 그 과제가 이해될 때 비로소 만족하게 될 것이다. 내적으로 동기화된 학습은 수준 높은 성취가 일어나고, 종종 '표면적' 학습과 대비되는 '심층적' 학습이 일어난다는 연구 결과도 있다(Deci and Ryan, 1995). 그것은 **외적 동기**라고 불리는 두 번째 유형과는 대조된다. **외적 동기**는 학습자가 주로 외부 자극에 의해 과제를 수행하는 것을 말한다. 예를 들어, 칭찬을 하거나 어떤 특혜를 주는 것일 수도 있고, 단지 시험을 통과하는 것일 수도 있다. 이런 방식으로 학습에 대해 보상을 하는 것은 외적 동기를 부추기며, 적은 노력으로 가능하면 빨리 보상을 얻기 위해 학습하게 한다. 때문에 피상적이거나 '표면적' 학습을 부추기는 경향이 있다. 이러한 경우 이해하지 않고 사물을 암기하고, 보상을 얻거나 시험을 통과한 후에는 곧 학습 내용을 잊어버리게 된다. 세 번째 동기 유형은 **성취 동기**(McMeniman, 1989)로 최고가 되고 성공하기 위해 열심히 노력하는 사람을 만들어 낸다. 그들은 자신을 다른 사람과 비교함으로써 보상을 얻는다. 그러나 이것은 또한 결코 자기 자신을 신장시키지 않는 대신에, 단지 실패를 피할 수 있을 정도로만 대충하는 사람으로 만들 수도 있다.

여러 종류의 동기가 학습에서 왜 중요한가? 이 분야를 연구하는 사람들은 자신의 이해가 통제된다는 느낌이 이러한 동기와 관계있다고 주장한다. 학습에 대해 보상하는 것은 보상을 주는 사람의 손에 학습 통제권이 있다는 뜻이다. 학습자는 자신의 내면화된 기준보다는 다른 사람이 세워놓은 기준에 맞추어야 한다. 학습자가 학습 통제의 느낌을 잃어버리면 자신이 무엇을 배우려고 하는지, 무엇을 왜 해야 하는지 알지 못하고 다른 사람의 요구와 지시를 따를 수밖에 없다. 이러한 동기는 "내가 이것을 하면, 나는 ~을 배우게 될 것이다."보다는 "네가 이것을 하면, 나는 너에게 ~을 줄 것이다."와 같은 형태가 된다. 외적 동기를 가지고 있다면 아동은 개념적인 학습보다는 암기에 의한 학습을 하기 쉽다. **칭찬**은 보상의 한 가지 형태이기 때문에, 그 효과를 잃지 않으려면 분별 있게 사용해야 한다. 특히 칭찬이 결과보다는 노력하는 과정을 중요시할 때, 아동을 기분 좋게 한다. 그러나 칭찬만으로는 아동의 학습을 진전시킬 수 없기 때문에 아동이 자신의 목표를 위해 어떤 방향으로 노력해야 하는지 알 필요가 있다(9장 참고).

이러한 논의에 따라 과학 학습을 단지 표면적 지식이 아니라 주변세계를 **이해**하는 것에 목적을 둔다면, 내적 동기를 갖도록 하는 것이 바람직하다. 그러나 아동은 종종 자신이 선택하지 않은 것을 해야 하며 내적으로 흥미를 찾지 못한 것을 배워야만 한다. 그러면 어떻게 해야 하는가? 이 질문에 답하기 전에 내적 동기를 증진시키는 조건을 살펴보자.

- 첫째, 아동이 기대를 갖고 학습하는 활동에는 성취감을 느낄 수 있는 **도전**이 있어야 한다. 도전은 '알고 싶다'는 생각을 자극한다. 아동에게는 이러한 기회가 풍부하다. 물에 대한 학습을 생각해 보자. '무엇이 뜰까? 무엇이 가라앉을까? 떠 있는 물체를 어떻게 하면 가라앉게 할 수 있을까? 혹은 그 반대로 할 수 있을까? 어떻게 물이 위쪽으로 혹은 아래쪽으로 흐르도록 할 수 있을까? 물이 얼면 어떻게 될까? 물이 끓으면 어떻게 될까? 얼음이 녹는 것을 어떻게 막을 수 있을까?' 이러한 질문은 아동이 제기할 수 있는 그리고 탐구를 통해 답을 얻을 수 있는 수많은 질문 중 일부분에 불과하다. 도전이란 이전에 해보지 못한 어떤 것이며, 이미 그 답을 알고 있다면 도전이 될 수 없다. 만약 빵을 만들 때 이스트를 넣어야 부푼다는 것을 알고 있다면, 이스트를 넣은 것과 넣지 않은 것을 비교해 보는 활동은 도전이라고 할 수 없다. 주변에는 탐색할 것이 너무도 많은데, 교사용 지도서에 나와 있는 활동에만 시간을 허비하며 아동의 생각을 발전시키는 실제적 기회를 제공하지 못하는 것은 매우 안타까운 일이다.
- 둘째, 어떤 질문을 해야 하는지, 어떻게 접근해야 하는지에 대해 아동이 어느 정도 **선택권**이 있어야 활동에 몰입하여 끝까지 수행할 수 있다. 그래서 탐구하고 싶은 주제를 찾거나 활동에서 자신의 목적을 결정하는데 아동을 참여시킨다면, 경험에 대한 내적 동기를 증진시키고 학습 또한 증진시킬 것이다.
- 셋째, 새로운 도전을 하는 과정 중에 아동은 여러 차례의 시행착오를 겪게 되며 문제를 극복하기 위한 건설적인 **피드백**을 필요로 하게 된다. 그러나 단지 문제와 해결 방법에 대한 교사의 의견을 제시하는 것만으로는 부족

하다. 아동이 문제를 극복하기 위해 한 행동은 무엇이며, 대처방안은 무엇인지 평가하는 데 아동이 직접 참여하도록 한다. 아동을 자기평가에 참여시키는 것에 대해서는 9장에서 자세히 다룬다.

- 넷째, **협동 학습**은 내적 동기를 증진시킨다. 진정한 협동을 증진시키는 방향으로 활동을 구성하면, 아동은 학업에 대한 공동의 책임이 있다는 것과 그 안에서 자신이 해야 할 역할을 확실히 느끼게 될 것이다. 협동 학습은 단지 여러 아동을 모아 놓는 것이 아니라, 자신이 맡은 역할을 독자적으로 활동하도록 하는 것이다.
- 다섯째, 아동에게 성공할 수 있다는 자신감과 높은 기대감을 줄 수 있는 피드백을 제공하여 '**선순환**(virtuous cycle)'[2)]이 시작되도록 한다. 즉, 아동 스스로가 더욱 노력하여 자신이 원하는 결과를 얻도록 학습자로서 자아존중감(self-esteem)과 자신감을 증진시킨다. 아동이 활동에 흥미를 느끼는 경우에는 좀더 쉽게 이루어질 것이고, 인내한 만큼 보상을 얻게 될 것이다.

이러한 내적 동기는 아동이 주인의식을 갖고 활동할 수 있다는 것을 가리키고, 아동의 사고와 노력을 끌어들이는 효과를 가진다. 아동 자신이 무엇을 해야 하는지 왜 해야 하는지 스스로 이해하기 때문이다. 왜 해야 하는지 그 이유가 분명하지 않거나 이해되지 않은 채로 다른 누군가에 의해 일련의 지시를 받고 일하는 것과는 매우 다르다. 내적 동기와 주인의식을 확실하게 갖기 위한 방법은 우리가 피해야 할 상황과 행동을 확인하는 데에도 사용된다. 피해야 할 사항은 다음과 같다.

- 협동심을 길러주기보다는 아동을 서로 비교하여 경쟁심을 부추기는 것.
- 규칙을 결정할 때 아동에게 참여할 기회를 주지 않거나, 규칙에 대한 타당한 이유나 설명 없이 무조건 따르도록 강요하는 것.
- (심각한 것은 아니더라도) 아동의 작품을 웃음거리로 만드는 것(예 "그건 벌레라기보다는 오히려 소시지처럼 보이는데!")

---

2) **역자 주**: 악순환(vicious cycle)의 반대 의미로 긍정적인 피드백으로 상승효과를 가지고 오는 것을 말한다.

- 활동에 관심을 보이지 않는 아동을 비난하는 것. 특히 활동에 대한 선택권을 주지 않는 경우.

우리는 때때로 흥미를 느끼지 못하는 상황과 마주하게 된다. 예를 들면, 렌즈와 현미경과 같은 장비를 사용하고 측정하는 방법을 배우는 일, 안전을 위해 필요한 조처를 취하거나 환경을 보존하는 일, 동물과 식물을 일상적으로 보살피는 일, 활동 후에 지저분한 것을 청소하는 일 등이다. 이러한 상황에서도 학습 동기를 유발하는 방법을 찾는 것이 필요하며 이유를 설명하는 것이 도움 된다. 예를 들면, "~하기 때문에, 우리는 동물 우리를 청소해야 해요./손을 씻어야 해요./돋보기를 이렇게 사용해야 해요."와 같이 아동은 이유가 타당하면 쉽게 동의할 것이다. 또한 이러한 문제조차도 어떤 선택을 할 수 있는 여지가 남아 있을지 모르기 때문에, 어느 정도 주인의식을 갖도록 할 수 있다. 미리 정해진 방식대로 하지 않으면 벌을 주겠다고 위협하거나 전혀 선택권을 주지 않는 것보다는 선택을 제한하는 것이 더 낫다.

증거의 사용

과학의 본질은 우리 주변 세계의 실제적 경험을 이해하는 것이다. 과학은 본질적으로 인간의 노력이다. 어떤 현상에 대한 의미는 그 당시 이용 가능한 증거에 따라, 그리고 새로운 생각을 발달시키거나 기존의 생각을 조절하는 인간 능력에 따라 달라진다. 때때로 기존의 과학 지식에 도전할 수 있는 새로운 증거가 이용 가능하게 되면서 과학적 생각이 점차 변화해 왔다. 이와 같은 일은 기술적 변화를 통해 종종 일어났다.

새로운 증거는 기존의 생각을 수정함으로써 이해될 수 있다. 새로운 생각은 종종 예전에 서로 연관이 없던 사건들을 상상력과 창의적 사고에 연결시킴으로써 발휘된다. 이에 대한 좋은 예가 뉴턴의 이야기다. 뉴턴은 나무에서 사과가 떨어지는 것을 보고, 달이 지구 주위를 돌게 하는 힘과 연결 지었다. 그러나 새로운 생각이 과학적으로 받아들여지기 위해서는 증거에 의해 검증되어야 한다. 이러한 과정은 아동의 학습에서도 본질적으로 동일하다. 아동은 경험을 설명하려고 하고, 자신이 예상한 것이 실제로 일어나는지, 즉 증거에 의해 지지되는지 알아봄으로써 설명을 검증한다. 이러한 의미에서 아동이 과학을 학습하는 것과 과학자들이 과학을 하는 것은 동일하다. 흔히 말하는 '발견 학습'이라는 용어는 불행하게도 어떤 현상을 설명하는 생각(이론)이 바로 그 현상 속에 이미 존재한다는 인상을 준다. 그러나 현상의 대상은 단지 증거를 제공할 뿐이며 생각(이론)은 우리가 창안해 내는 것이다. 과학이 다른 과목과 구별되는 이유는 바로 실세계에서 얻은 증거의 탁월성이다. 예를 들어 수학에서, 수학적 생각은 수와 관계의 논리로 검증되기 때문에 (무리수와 같은) 실세계와 어떤 관련을 가질 필요가 없다.

'진리'와 '정답'

모든 교사의 마음 속에는 진리에 대한 의무감이 있다. 우리는 아동에게 '정답'을 제시해야 한다고 생각하는 경향이 있기 때문이다. 그러나 우리가 진리라고 생각하는 것을 단순히 아동에게 믿게 하는 것은 잘못된 행동이다. 과학적 활동은 질문에 대한 답을 찾아가는 과정이며, 아동의 활동 또한 그렇다. 따라서 우리는 새로운 종류의 '정답'을 찾기 시작해야 한다. 우리는 아동이 자기 자신의 관찰에 의존하여 자신 있게 말할 수 있는 정답, 다시 말해 자신의 경험에서 나오는 정답을 찾기 시작해야 한다. 물론 이러한 정답이 '진리'에 미치지 못할 수도 있다. 하지만 우리는 아동이 탐구하여 찾아낸 것, 관찰한 것, 생각한 것, 그리고 자신의 경험에 대해 이야기하는 것 등에 관심을 기울일 필요가 있다. 전문가인 과학자 역시 자신이 사실이라고 생각하는 것을 확증하기 위해 자신의 경험을 바탕으로 확실한 증거를 찾아낸다. 따라서 우리는 아동에게 다른 사람이 생각하는 것을 주입시키지 말고, 그들 자신이 진실이라고 생각하는 것을 말하도록 해야 한다.

이러한 방식을 추구하는 이유는 아동이 분명하고 독자적으로 생각하도록 돕기 위한 것이다. 증거에 대한 우리의 생각이 아동과 다르더라도 "틀렸어!"라는 직설적인 발언은 옳지 않다. 무엇보다도 먼저, 우리의 생각이 틀렸을지도 모르기 때문이다. 두 번째로, 아동이 증거를 완전하게 탐색하지 못했어도 '옳다', '틀리다'는 우리의 권위가 아니라, **증거의 권위**에 의존해야 한다. 추가적인 관찰을 통해 아동이 잘못된 진술을 수정할 수 있기 때문이다.

이를 설명하기 위하여 조스 엘스트지스트는 다음과 같이 이야기했다.

> 내가 아동과 함께 명주잠자리의 유충인 개미귀신을 소재로 활동하고 있을 때, 대부분의 아동들이 개미귀신이 먼지를 먹는다고 생각하는 것을 발견했다. [개미귀신은 많은 나라에 사는 곤충(명주잠자리)의 애벌레지만 영국에는 없다. 이것은 부드러운 토양이나 모래에 원추형 구멍을 파고, 그곳에 개미와 같은 작은 곤충이 빠지면 잡아먹는다.] 아동들은 처음으로 개미귀신이 오랫동안 먼지 구덩이 밑바닥에 있는 것을 본 것이다. 개미와 같은 어떤 먹이가 길을 잃고 구멍에 빠지면 잡아먹기 위해 생물이 끈기 있게 기다린다는 사실을 아직 아동들은 알지 못했다. 하지만 아동들도 곤충이 생존하기 위해서는 먹어야 한다는 사실을 경험을 통해 알고 있다. 그래서 개미귀신이 살아 있으려면 그 곳에 있는 먼지를 먹어야 한다고 생각한 것이다. 만일 우리가 아동에게 "아냐, 그건 틀렸어."라고 한다면 어떻게 될까? 우리는 마른 먼지가 먹이가 된다는 생각을 틀렸다고 하지만, 아동이 우리의 말을 쉽게 이해할 수 있을까? 먼지가 먹이가 된다는 것은 교사의 눈에는 틀린 것이지만 이 단계에서 아동이 현상을 더 잘 이해할 수 있는 방법은 없다. 교사의 권위적 말은 아동의 경험을 풍부하게 하지 못한다. 하지만 추가적인 경험은 개미귀신이 무엇을 먹는지에 대한 아동의 생각을 바꿀 수 있다. 때문에 아동이 충분한 증거를 가지고 자신의 생각을 바꿀 때까지 개미귀신의 행동을 계속해서 관찰하도록 하는 것이 좋다.
>
> 한 양심적인 교사는 아동의 잘못된 견해를 바로잡아 주지 않는 것에 너무나 부담을 느꼈다. 그는 아동을 설득해서 개미를 개미귀신에게 가져가 먹이도록 했다. "그러면 개미귀신이 실제로 무엇을 먹는지 알 수 있을 거야." 아동은 그렇게 행동했고, 교사는 '이제 잘못이 고쳐지겠지.'라고 생각하며 만족스러워 했다. 나중에 교사가 관찰 결과를 기록한 아동의 공책을 살펴봤을 때, 교사는 놀랍게도 "개미귀신은 먼지를 먹는다. 그러나 개미귀신이 개미를 잡게 되면, 개미도 먹어치운다."라는 글을 보게 되었다. 그 글의 마지막 부분은 교사에 대한 일종의 배려였다. 왜냐하면 아동은 개미가 단지 개미귀신의 주식인 먼지에 추가된 음식이라고 확신했기 때문이다.

교실 분위기

교실에서 일어나는 모든 활동은 교사가 만든 사회적 분위기나 정황(ethos) 속에서 이루어진다. 아동은 자신이 '틀린' 답을 말하는 것에 두려움이 없어야 하며, 자기 자신의 생각과 사고방식을 자유롭게 표현할 수 있어야 한다. 따라서 교사가 아동의 생각이 어떤지 알기 전에, 아동이 자신의 생각과 활동에 대해 자유롭게 이야기하는 것이 '안전'하다고 느낄 수 있는 교실 분위기를 만드는 것이 필요하다. 그러한 분위기에서 아동은 자신들이 말한 것이 가치가 있고, 진지하게 취급되며, 무시되거나 웃음거리가 되지 않는다고 생각한다. 이러한 교실 분위기를 만들기 위해 교사는 무엇을 할 수 있을까?

우리가 친구를 대할 때처럼 아동의 감정과 흥미에 진정한 관심을 보여주는 것이 중요하다. 교사의 피상적인 관심은 아동을 끌어들이지 못한다. 진지함은 단지 말을 통해 전해지는 것이 아니라 태도에 의해, 그리고 특히 아동의 생각을 주의 깊게 들을 때 전달된다.

교사는 아동의 태도와 감정 상태를 파악하고 이에 기초하여 현실적인 기대치를 설정해야 한다. 예를 들면, 모든 아동이 협동심이나 책임감에 있어 똑같이 성숙한 수준에 도달한 것은 아니며, 어떤 아동은 이러한 특성을 발달시키고 적용하는 데 있어 좀더 많은 도움을 필요로 한다는 것을 인식해야 한다.

교사는 교실 활동을 적절하게 조직하여 아동이 사용하는 자료나 활동을 완수하는 데 자신의 발달 수준에 걸맞은 책임감을 가지도록 해야 한다. 이는 교실에서 사용하는 자료의 물리적 배치와 시간 운영에 대해 시사점을 준다. 아동은 실험 기구에 쉽게 접근할 수 있어야 하고, 자신들이 필요한 것을 찾아 쓸 수 있어야 한다. 또한 아동이 자신의 활동을 스스로 만족스럽게 끝낼 수 있도록 시간을 운영해야 한다.

교사는 단지 성취뿐만이 아니라 사회적으로 바람직한 행동과 노력을 인정해 주고 격려해야 한다. 협동, 예의 바름, 사려 깊음 등은 사회적 기능만큼 중요하며 학습 공동체를 발전시키는 데 도움이 된다. 그래서 아동은 다른 사람의 생각을 경청하고, 충고를 따르며, 서로에게 배울 준비 태세를 갖추게 된다. 물론 아동이 이런 특성을 배우도록 돕는 최선의 방법은 본보기를 보이는 것이다. 더구나 아동은 교사의 이러한 특성을 헤아릴 줄 안다. 아동은 자신의 교사가 예의 바르고, 참을 줄 알고, 인정이 있고, 호의적이며, 공정한 것을 좋아한다.

과학에서 특히, 호기심을 키우고 인내와 창의성을 기르는 것은 중요하다. 그러나 아동은 때때로 호기심 때문에 수업 목표와 어긋나는 길로 빠지기도 한다. 예를 들어, 코르크 마개가 물에 어떻게 뜨는지 알아보는 시간에 아동은 물에 다른 물건을 넣는 재미에 푹 빠져 있을 수도 있다. 그러나 교사가 바로 개입하여 아동의 행동을 지적하는 것은 잘못된 태도다. 대신에 아동이 정말로 무엇을 알고 싶어 하는지 알아보기 위해 주의 깊게 관찰하고, 아동의 행동에 관심을 기울이는 것이 중요하다. 아동의 행동에는 교사가 미처 생각하지 못한 다른 이유가 있기 때문이다.

이렇게 조성된 학습 환경은 아동이 자신의 생각을 교사와 함께 자신 있게 토의할 수 있는 장소가 되며, 아동 역시 추가적인 탐구와 대화에서 교사의 말에 관심을 갖게 된다. 아동은 이제 자신의 탐구에서 동반자가 된 교사의 생각을 받아들일 준비가 될 것이다.

내용 간추림

이 장은 아동이 탐구를 통해 학습하고, 자신이 찾아낸 새로운 사실을 뒷받침하는 증거를 사용하며 증거에 가치를 두어, 학습을 즐기는 것을 배울 수 있는 상황 설정에 대한 것이었다. 앞에서 우리는 학습을 위한 내적 동기, 증거의 존중, 그리고 학습의 공유와 개방성을 지지하는 교실 분위기를 증진시키는 데 필요한 교사의 역할을 논의했다.

학습 활동과 관계되는 서로 다른 종류의 동기를 확인했고, 내적 동기를 고무하는 일이 중요하다는 것을 지적했다. 이것은 피상적인 학습이 아니라 이해를 수반하는 학습으로 이끈다. 피상적인 학습은 외적으로 동기를 유발할 때, 즉 학습이 가져오는 만족이 아닌 보상이라는 만족을 얻으려고 할 때 일어나기 쉽다. 내적 동기는 다음과 같은 방법으로 격려될 수 있다.

1. 질문과 탐구를 장려하고 아동이 사물과 상호작용하는 기회 제공하기.
   이는 아동의 발달 단계에 맞는 흥미로운 학습 자료가 많아야 한다는 것을 뜻한다.
2. 비록 제한된 선택이라도 아동에게 자신의 활동에 대한 어떤 선택권을 주고 그 활동에 대한 주인의식 갖도록 하기.
3. 아동이 직면한 문제를 해결하고 자신의 발전을 평가하는 데 있어 아동을

참여시키기(9장 참고).

4. 활동을 수행하기 위해 참된 협동이 필요한 모둠 활동 설정하기.
5. 높은 기대치를 설정하고 모든 아동이 성공할 수 있다는 자신감 보여주기.
6. 아동이 다른 활동을 하기 바랄 때 먼저 탐구해야 할 활동에 대해 이유 설명하기.

과학적 생각을 받아들이기 위해서는 먼저 증거가 바탕이 돼야 한다는 것을 아동이 깨닫도록 고취하는 방법은 다음과 같다.

1. 아동이 주장하는 의견에 증거를 요구하고, 그것이 아동이 제시하는 증거와 일치하는 경우 과학적으로 틀린 생각이라도 받아들이기.
2. 올바른 사실과 결론이라고 할 수 있는 '정답'만 가치 있다는 생각을 피하기.
3. 아동이 자신의 증거와 추론을 사용했다면 자신의 탐구를 통해 알아낸 사실을 '정답'으로 인정하기.
4. 아동의 경험과 이해의 수준을 넘어서는 설명을 주입시키지 않고 아동 스스로 자신의 관찰을 이해하도록 허용하기.
5. 서로 다른 증거가 기존의 생각에 어떤 영향을 줄 수 있는지 토의하기.

교사는 아동이 자신의 생각을 표현함에 있어 틀리는 것을 두려워하지 않고 호기심의 표현과 그 호기심을 만족시키려는 욕구를 키울 수 있도록 교실 분위기를 고취해야 한다. 이에는 다음과 같은 방법이 있다.

1. 결과에 상관없이 아동의 노력을 인정하고 헤아리기.
2. 아동의 말을 주의 깊게 경청하고, 자유로운 대화를 통해 아동의 태도와 느낌 알아내기.
3. 아동이 생각하는 것뿐만 아니라 느끼는 것에 대해 진정한 관심 보여주기.
4. 아동의 태도와 느낌에 기초하여 현실적인 기대치를 설정하기 : 아동의 수준에 적합하지 않은 큰 책임감이나 협동심 기대하지 않기.
5. 아동이 자신이 맡은 일에 최선을 다하고 책임감을 가질 수 있도록 교실

분위기 조성하기.

6. 단지 성취가 아니라 사회적으로 바람직한 행동과 노력에 대해 아낌 없이 격려하기.
7. 교사 자신이 인내하고, 인정 있고, 호의적이며, 공정하게 처신함으로써 본보기 보이기.

Chapter 3

적절한 순간에 올바르게 질문하기

Jos Elstgeest

한 아동이 거울을 이용해 벽에 햇빛을 반사시키고 있었다. 교사는 "거울은 왜 햇빛을 반사시킬까?"라고 물었다. 하지만 아동은 교사의 질문에 대답할 수 없었다. 그래서 속상했고, 결국 그 질문에 대한 답도 알아내지 못했다. 만일 교사가 "벽에서 두 배 정도 더 떨어진 곳에 서서 벽에 햇빛을 반사하면 어떻게 될까?"라고 물었다면, 아동은 질문에 답하기 위해 교사의 말처럼 행동하고 질문에 대한 답도 찾을 수 있었을 것이다.

또 다른 교사는 주변을 둘러보기 위해 반 아이들을 데리고 나갔다. 그들은 분꽃이 있는 꽃밭으로 갔다. 교사는 "이 꽃은 왜 초저녁에 피었다가 아침에 다시 오므라들까요?"라고 물었다. 교사를 포함해서 아무도 그 질문에 대한 답을 알지 못했다. 만약 교사가 "꽃잎이 밤에 활짝 피는 꽃은 다음날 아침 모두 오므라들까요?"라고 질문했다면, 학생들은 몇몇 꽃에 표시하여 비교한 후 그 해답을 찾을 수 있었을 것이다.

한번은 거의 아수라장이 된 놀라운 과학 수업을 목격한 적이 있었다. 중학교 여학생들이 처음으로 전지, 전구, 전선을 마음껏 조작해 볼 수 있는 수업이었다. 학생들은 실험에 열중했고, 놀람과 기쁨의 함성을 질렀다. 논쟁은 "너 봤지?"로 해결됐고, 드러난 문제는 "한번 해보자!"로 풀렸다. 전지, 전구, 전선으로 연결될 수 있는 거의 모든 방법이 시도되었다. 소란한 가운데 교사는 손뼉을 쳐서 주의를 집중시켰고, 칠판에 분필을 가져가며 말했다. "자, 여러분. 오늘 배운 것을 요약해 봅시다. 영이가 말해 볼까요, 전지란 무엇이죠?", "이번에는 경희가 말해 볼까요, 양극이 뭐죠?", "유리가 답해 봅시다,

닫힌회로를 만드는 올바른 방법은 무엇일까요?" 그리고 교사는 '올바른' 회로도를 솜씨 좋게 그린 후 제목을 적었다. 그러고 나서 '올바른' 기호들을 덧붙이고, '올바른' 정의들을 칠판에 적어 내려갔다. 영이, 경희, 유리 그리고 나머지 학생들은 조용히 회로도와 요약을 수동적으로 베꼈다. 학생들이 했던 탐구 활동은 중요하지 않았고 교사의 질문은 학생의 활동과 전혀 관련이 없었다. 전지와 그 밖의 실험 기구로 얻은 풍부한 경험은 학생들에게 많은 이야깃거리와 생각 및 질문을 제공했지만 그들이 실제로 수집했던 정보를 조직하고 체계화하는 데에는 전혀 사용되지 않았다.

이들 교사는 '잘못된' 질문을 하고 있었다. 이러한 질문은 아동 학습을 북돋우는 데 비생산적이었다. 그렇다면 교사는 무엇이 적절치 않은 질문인지 어떻게 알 수 있을까?

'잘못된' 질문이란 무엇인가?

잘못된 질문은 **'왜, 어떻게, 무엇'** 등과 같이 순수한 의문사로 시작하는 경향이 있다. 그러나 대부분의 질문이 비슷한 표현으로 시작된다. 잘못된 질문의 특징은 '말잔치(말만 많음)'로 끝나는 데 있다. 그런 질문은 언어적인 질문으로 종종 교과서적인 말투로 깔끔하게 장식되며 틀에 박힌 대답을 요구한다. 일반적으로 답이 질문보다 먼저 제시되고, 교과서에서 그 답을 찾을 수 있다. 또한 답은 칠판에서도 찾을 수 있고, 공책에 적어둔 내용에서도 찾을 수 있다. 따라서 틀에 박힌 질문을 하게 되면, 아동은 정답을 맞추기 위해 적절한 낱말을 찾으려 하고, 그것을 찾지 못하면 당황하게 된다. 이러한 질문은 아동들이 해결해야 할 과학적 문제와는 거리가 멀다.

그렇지만 무엇이 '잘못된' 질문인지 아는 것과 '올바른' 질문을 할 수 있는 것은 전혀 별개의 것이다. 좋은 질문은 무엇을 위한 것인가? 좋은 질문은 답으로 향하는 첫걸음이고, 그에 대한 해결책이 존재하는 문제다. 좋은 질문은 자세한 관찰, 새로운 실험 또는 신선한 활동으로 초대하는 자극적인 질문이다. 올바른 질문은 그 답을 어디에서 찾을 수 있는지 안내한다. 다시 말해, 아동을 공부하고 있는 실제적인 사물이나 사건, 해답이 숨겨져 있는 곳으로 데리고 간다. 올바른 질문은 아동에게 단지 답을 말하는 것보다 직접 보여주도록 요구한다. 때문에 아동은 답을 보여주고 스스로 확인할 수 있다. 나는 생산적인 활동을 자극하는 질문을 '**생산적' 질문**이라고 부르고 싶다. 생산적인 질문에는 다양한 종류가 있다. 과학을 공부하는 과정에서 생산적 질문은 보통 어떤 양상을 띠고 나타난다. 어떤 한 가지 유형의 질문에 답하려면 다른 종류의 질문에 대한 해결 과정에서 얻은 경험이 필요하기 때문이다.

생산적 질문

주의집중 질문

가장 간단하면서 생산적인 질문은 "~을 본 적이 있는가?" 또는 "~을 주목했는가?"와 같은 직설적인 질문이다. 이런 **주의집중 질문**은 쉽게 지나칠 수 있는 어떤 중요한 세부사항에 주의를 집중시키기 위해 때때로 필요 불가결한 것이다. 아동은 종종 "이것 좀 봐!"와 같은 끊임없는 감탄으로 질문을 스스로 해결하므로 교사가 그런 질문을 늘 걱정할 필요는 없다. 아동은 항상 끊임없이 질문하지만 특히 새로 배울 내용에 대해서는 더욱 그렇다. "이것저것 해보기", "친숙해지기" 등 새로운 자료에 필요한 최초의 탐색 단계에서는 "~을 보고 알아차렸는가?"라는 질문이 이루어진다. 물론 "무엇일까?"라는 다음과 같은 질문이 곧바로 이어진다. "그것은 무엇인가?", "그것은 무엇을 하는 것인가?", "그것은 무엇을 보여주는가?", "무엇이 일어나는가?", "내가 안에서(밖에서) 찾은 것은 무엇인가?", "내가 보고, 듣고, 느낀 것은 무엇인가?" 그리고 간단한 관찰을 통해 간단한 답을 얻을 수 있다. 이어서 좀더 복잡한 질문이 뒤따르게 된다.

측정과 계산 질문

"얼마나 많이?", "얼마나 오래?", "얼마나 자주?" 등과 같은 질문은 아동이 자신의 답을 스스로 점검할 수 있는 **측정과 계산 질문**이다. 질문을 통해 아동은 새로운 기능을 사용할 수 있고, 새로운 도구 사용법을 배우며, 자신감을 가질 수 있다. 흔하게 접하는 양에 관한 질문은 자연스럽게 다음 질문 범주인

비교 질문으로 이어진다. "그것은 더 긴가?, 더 강한가?, 더 무거운가?, 더 많은가?" 등 비교 질문을 표현하는 방법은 많이 있다. 종종 비교 질문보다 앞서는 "얼마나?"라는 질문은 좀더 양적인 측면을 정확하게 요구하는 것이다.

비교 질문

예를 들어, "네가 가지고 있는 씨앗은 비슷한 점이 무엇이고, 어떻게 다른가?"와 같이 좀더 질적인 **비교 질문**은 모든 사물과 현상에 대해 주의 깊게 관찰할 수 있도록 한다. 사물은 모양, 색깔, 크기, 질감, 구조, 무늬 등과 같이 여러 가지 면에서 차이가 날 수 있다. 주의 깊게 던진 비교 질문은 아동이 혼돈에서 질서를 찾고 다양한 사례에서 통일성을 찾도록 도와준다. 분류하기, 스무고개 놀이(attribute games), 분류 기준(identification keys) 만들기, 수집된 자료의 표 만들기 등은 또 다른 형태로 포장된 비교 질문이다. 이러한 비교 질문은 또 다른 종류의 질문인 행동 질문에 논리적으로 이어진다. 행동 질문은 아동이 다른 상황이나 다른 환경에서 또 다른 결과를 얻도록 한다.

행동 질문

행동 질문은 "만약 ~하면 어떻게 될까?"라는 질문으로 항상 사실적으로 답할 수 있는 것이다. 이러한 질문은 간단한 실험을 수반하고 반드시 결과를 제공한다. 행동 질문은 많은 가치가 있는 생산적 질문으로 친숙하지 않은 물질, 생물과 무생물, 작용하는 힘, 작은 사건들의 성질을 탐색하기 위한 과학 탐구를 시작할 때 적절하다.

- 개미귀신을 축축한 모래에 두면 어떻게 될까?
- 성장하는 어린 식물의 떡잎을 잘라내면 어떻게 될까?
- 잘라낸 가지를 물에 넣으면 어떻게 될까?
- 자른 가지를 거꾸로 심으면 어떻게 될까?
- 성냥 근처에 자석을 가져가면 어떻게 될까?
- 거미줄에 작은 종잇조각을 던지면 어떻게 될까?

"만약 ~하면 어떻게 될까?"라는 좋은 질문에 대한 예는 많이 들 수 있다. 이런 질문을 통해 아동과 교사는 만족할 만한 해답을 얻을 수 있을 것이다.

"만약 ~하면 어떻게 될까?"라는 질문에 대해 공부하면서, 아동은 자신이 한 행동과 그 결과로 나타난 반응 사이에서 어떤 형태의 관계를 발견하게 된다. 또한 어린 아동이 필요로 하는 경험을 축적하게 한다. 우리가 무심코 던져준 일반적인 것이나 추상적인 것을 아동이 이해할 수 있다고 종종 가정하지만, 아동은 이해에 필요한 것을 스스로 모아야 한다. "만약 ~하면 어떻게 될까?"라는 질문을 해결하는 데 있어 또 한 가지 추가할 것은 결과를 직접 예상하도록 도전시키는 것이다. 처음에 아동은 단순히 추측한 예상을 통해 방법을 찾아내지만, 경험이 쌓이면 아동은 더 예리한 방법으로 문제에 접근할 수 있다. 예상 능력은 실제적이거나 보다 복잡한 문제 해결 질문을 다루는 능력에 앞서 필요한 선행 조건이다.

문제 제기 질문

앞에서 서술했던 유형의 질문들로 충분한 활동이 이루어지고 난 후에, 아동은 "~할 방법을 찾을 수 있는가?"와 같은 좀더 세련된, 새로운 유형의 질문을 다룰 준비가 된다. 이러한 문제 제기 질문은 항상 실제적인 문제 해결 상황을 설정하게 된다. 그러한 문제가 아동에게 의미 있다면 열성적으로 반응할 것이다.

나는 예전에 아이들에게 "식물을 옆으로 자라나게 할 수 있는가?"라는 질문을 한 적이 있다. 얼마 동안 아이들은 깡통, 화분, 상자 그리고 비닐봉지로 만든 기묘한 장치 등을 가지고 식물이 자라는 것을 연구했다. 아이들의 행동을 지켜보면서 제대로 하고 있는지 불안하고 초조했다. 처음엔 아이들이 방법을 찾을 수 없을 것이라고 생각했다. 하지만 인내심을 갖고 "만약 ~하면 어떻게 될까?"라는 질문을 통해 수많은 실험을 반복해 나갔다. 식물을 습한 상태와 건조한 상태, 어두운 곳과 밝은 곳, 큰 상자 속과 보관함 속, 내부가 하얀 종이와 까만 종이 속에 두었고, 거꾸로 두거나 옆으로 두기도 하며 여러 가지로 조합했다. 아이들은 생각지도 못한 여러 가지 방법으로 실험을 시도했고 다양한 상황을 만들어 갔다. 아이들이 기른 식물은 변화를 보이기 시작했고, 아이들은 식물과 그들이 통제한 환경 사이에 관계가 있다는 것을 서서히 깨닫기 시작했다. 식물의 반응 방식을 알아차린 후에, 아이들은 식물의 성장을 통제할 수 있는 방법을 깨닫기 시작했다. 그들이 키우는 방식에 따라 식물이 분명하게 반응했기 때문이다. 식물의 끝이 위를 향해 굽거나, 줄기가 구부러지고, 식물이 크고 날씬하게 자라기도 하며, 때로는 완전히 시들기도 했다. 아이들은 빛과 위치뿐만 아니라 습기도 식물의 성장에 영향을 준다는 것을 발견했다.

나중에 "식물이 옆으로 자라게 하는 방법을 찾을 수 있는가?"라는 질문을 다시 했을 때, 아이들은 자신감 있게 반응했고 훌륭하고 다양한 시도가 활발히 이루어졌다. 이 모든 것은 새로 습득한 경험에 기초한 것이었으며 또 독창적인 것이었다. 어떤 아동은 식물을 옆으로 놓고, 식물과 화분 둘레에 신문을 관 모양으로 둥글게 말아 놓았다. 또 다른 아동은 관을 수평으로 지탱하는 지지대를 만들어서 관 속으로 식물의 윗부분을 밀어 넣었다(이것은 다시 되돌아 나왔다). 한 모둠은 구멍이 뚫린 상자 속에 식물을 넣고 닫았지만, 구멍에 관을 고정시켜 식물이 교실 창문에서 들어오는 빛을 향하도록 했다. 어떤 모둠은 가로 막대를 따라 식물이 옆으로 자라도록 묶어놓고, 자라나는 줄기 끝이 다시 위를 향할 때마다 실로 묶어 위로 자라나지 못하게 했다.

"~할 방법을 찾을 수 있는가?"라는 질문에 앞서 아동이 공부하고 있는 학습 자료를 만족스러울 정도로 탐색해야 한다는 것이 명백해 졌다. 아동은 먼저 무엇이 가능하고 무엇이 불가능한지 조사하고 공부하고 있는 대상의 몇 가지 성질, 특히 환경(속의 사물)과의 상호작용에서 나타나는 특성에 익숙해져야 한다. 자료집과 교사용 지도서는 아동이 언제쯤 더 형식적이고, 복잡한 문제를 해결할 준비가 되는지 결코 알려줄 수 없다. 아동 스스로 결정하거나, 또는 아동이 더 복잡한 활동을 진행할 수 있다는 교사의 신중한 판단에 의해 결정돼야 할 문제다. 만일 교사가 어떤 교과서에 있는 (필연적으로 제한된) 내용만을 엄격하게 고집한다면, 아동은 잘 이해하지 못하고 수업은 혼란스럽게 끝날 가능성이 크다.

"~할 방법을 찾을 수 있는가?"라는 질문은 다음과 같은 여러 가지 모습으로 변형될 수 있다. "쌀벌레가 방향을 바꾸도록 할 수 있는가?", "가라앉은 물체를 뜨게 할 수 있는가?", "물에서 소금을 분리할 수 있는가?" 이것은 본질적으로는 예상 질문과 같다. 그리고 "만일 ~하면 어떻게 될까?"라는 좀더 복잡한 질문으로 바꿀 수도 있다. 답을 찾기 위해서는 간단한 가설을 설정하고, 이어서 매우 직접적인 방법으로 증명하는 것이 필요하다. 변인을 인식하고 그것을 통제할 필요성이 자연스럽게 드러난다. 이때가 바로 아동이 진정으로 발전하기 시작하는 시점이다.

교사의 질문: '왜'와 '어떻게'

마지막으로 잘못 사용할 가능성이 큰 질문의 범주를 살펴볼 것이다. 이런 유형의 질문을 '**추론 질문**(reasoning question)'이라고 부른다. 보통 이런 질문은 설명을 요구하며 자연스럽게 어떻게(how), 왜(why)로 시작하는 경향이 있다. 하지만 거기에 바로 위험이 놓여 있다. 아동이 잘못된 학습을 할까 불안해하는 교사는 정해진 답만을 설명해 주고 싶어하지만, 이는 아동의 경험에 바탕을 둔 것이라 할 수 없다. 또한 교사의 설명을 이해하지 못해 불안해하는 아동들은 그것을 시험 문제로 오해하기 쉽다. 아동은 시험 문제에 대해 모범 답안을 제출해야 한다고 생각하기 때문에 '틀리는 것'을 두려워하게 된다. 그러나 추론 질문은 과학교육에서 매우 중요하고, 결코 생략할 수 없다. 결국 모든 아동은 '어떻게', '왜'라는 질문을 하게 된다. 그렇다면 우리는 어떻게 추론 질문을 피할 수 있을까? 하지만 여기서 중요한 점은 우리가 피해야 하는 것은 이러한 추론 질문이 아니라 모든 질문에 단 한 가지 정답만이 있다는 인상이다. 추론 질문에 정해진 방식으로 대답할 필요는 없다. 추론 질문은 아동이 자신의 경험에 대해 독자적으로 생각하고 추론하기 위한 것이다. 또한 아동이 발견하고 인식한 관계를 곰곰이 성찰하도록 하여, 자신이 수집하거나 밝혀낸 실제적 증거의 힘으로 신중히 결론을 이끌어 내거나 일반화시킬 수 있도록 하기 위한 것이다. 추론 질문은 아동이 자신의 관찰과 발견에 대해 무엇을 어떻게 생각하는지 자유롭게 표현하고, 토론을 시작하도록 한다. 토론과 대화, 생각의 공유는 새로운 관계를 인식하는 데 도움이 되고 이해를 돕는다. 아동이 자유롭게 이야기할 수 있는 분위기를 조성하는 것은 필수적이며 두려움 때문에 위축돼서는 안 된다. 앞뒤가 맞지 않는 진술이라도 논쟁을 자극할 수 있고 찾아낸 올바른 증거에 기초하여 논쟁을 수정할 수도 있기 때문이다.

만약 질문에 "너는 왜 그렇다고 생각하니?(Why, do you think ...?)"와 같이 아동의 생각을 이끌어 낼 수 있는 말을 조금 덧붙인다면 아동은 자신의 대답에 좀더 책임을 질 수 있다. 이런 경우에는 틀렸거나 논쟁을 불러일으키는 답이라도 괜찮다. 결국 아동 자신이 자기가 생각한 것에 대해 가장 잘 알기 때문이다. (비슷한 제언이 Harlen 2000b에 자세히 제시되었다.) 이러한 질문은 질문을 제시하는 시기에도 주의가 필요하다. 장구벌레를 처음 공부하는 아동에게 "왜 장구벌레가 수면으로 올라올까?"라고 섣부르게 질문한다면, 아동은 추가적인 탐색과 사고에 대한 흥미를 쉽게 잃어버릴지도 모른다. 어떻게 장구벌레를 처음 배운 아동이 이 질문에 답을 할 수 있겠는가? 아동 스스로 이렇게 질문할지 모르지만, 그것은 아동이 모른다는 뜻을 내포하고 있다. 그렇다면 왜 잘 모르는 아동에게 "왜"라는 질문을 던지는가?

만약, 장구벌레가 헤엄치는 물을 휘젓거나 흔들어서, 또는 장구벌레가 들어있는 병을 두드려서, 혹은 흔드는 손에 불안해진 장구벌레가 때때로 꿈틀거리며 바닥까지 내려가는 것을 아동이 관찰할 경우 아동은 장구벌레가 다시 수면 위로 올라오는 것을 보게 될 것이다. 그리고 장구벌레가 꼬리를 수면 바로 위로 내민다는 것도 알아차릴지 모른다. 아동은 장구벌레가 수면 밑에서 얼마나 오랫동안 머물 수 있는지 시간을 잴 지도 모른다. 또한 장구벌레가 올라올 때마다, 병을 흔들거나 옆면을 두드려서 장구벌레가 올라오지 못하도록 할 수도 있다. 만일 수면을 종잇조각이나 셀로판 종이로 덮는다면 장구벌레는 어떤 반응을 보일까? 결국 아동은 장구벌레가 끈질기게 표면으로 이동하려는 것을 발견하게 될 것이다. 다양한 관찰을 경험한 후에 아동에게 "왜 장구벌레가 수면으로 올라온다고 생각하니?"라고 질문한다면 제대로 된 논쟁에 참여할 수 있게 된다. 첫째, 이 질문의 '왜'는 이제 '무엇 때문에'로 쉽게 해석된다. 둘째, 아동은 자신들이 언급할 수 있는 일련의 공통된 경험을 바탕으로 생각하고 이야기하기 때문에 자신 있게 자신의 생각을 표현할 수 있으며 적절한 증거를 만들 수 있다. 이제 교사는 동일한 기준틀 안에서 아이들과 동등하게 토론에 참여할 수 있다. '장구벌레가 호흡하기 위해 올라온다.'는 것은 확실한 답이라 할 수 없다. 많은 수중 생물이 호흡하기 위해 수면 위로 올라오지 않기 때문이다. 그리고 꼬리는 호흡하는 활동으로 쉽게 연상되지 않는다. 하지만 교사는 호흡이 필요하다는 점을 아동이 생각해 볼 수 있도록 실마리를 제공할 수 있다.

아동의 질문: '왜'와 '어떻게'

이제 '왜'라는 질문의 유용한 몇 가지 측면을 더 생각해보자. 우리는 아동이 종종 '왜'라고 묻는 질문을 피할 수 없다. 교사는 모든 것을 다 알고 있을 것이라는 부모나 아동의 기대는 종종 교사가 허세를 부리도록 한다. 교사는 아는 척하기 위해 모호하지만 그럴 듯한 '답'을 제시한다. 하지만 이는 결코 아동을 돕는 방법이 아니다. 물론 아동의 경험을 바탕으로 관련성을 지적해주는 답을 제시할 수는 있지만 아동에게 그런 경험이 항상 존재하는 것은 아니다. '왜'라는 질문은 "만약 ~하면 어떻게 될까"라는 질문과 "~하면 어떨지 살펴보자"와 같이 둘로 나누어 볼 수 있다. 이렇게 질문을 나누는 것은 아동의 인내심을 요구하기도 하지만 이해를 도와주는 필요한 경험을 제공한다. 어떠한 경우라도 이것은 좋은 과학교육의 한 가지 방법이다.

그럼에도 불구하고 결코 간단하게 대답할 수 없는 '왜'라는 질문이 많이 있기 때문에 실제적인 어려움이 생길 수 있다. 또 어떤 것은 과학으로 답할 수 없는 것도 있다. 예를 들어, '왜 사물이 현재처럼 존재하는지'에 대한 질문은 우리를 곧바로 형이상학이나 신학 또는 신화의 범주로 끌고 간다. 이 질문에 대해 답을 얻을 수는 있지만, 과학을 벗어난다는 점을 명확히 해야 한다. 그러나 또한 과학의 범주 안에서도 아직 해결되지 않은 많은 문제들이 있다. 겸손하고 정직한 교사가 '모르겠다'라고 인정해야 할 질문도 많이 있다. 하지만 자신이 모른다는 것을 부끄러워하지 말고 받아들이는 것이 최선이다. 과학은 '왜'와 '어떻게'라는 질문에 대한 답이라기보다는 그러한 우리의 질문을 추구하는 것이다. 더구나 '왜'와 '어떻게'라는 두 질문은 우리를 현혹시키는 질문이다. 만족스러운 답을 얻는 순간, 새로운 문제를 깨닫게 되고 또 다시 참신한 '왜'와 '어떻게'라는 질문이 수평선 위에서 반짝거린다. 우리는 '왜?' 혹은 '어떻게?'라는 질문의 최종적인 답에 아직 도착하지 못했다. 그래서 탐색을 계속하며 우리는 아동에게 이러한 탐색을 경험시키고 싶은 것이다. 많은 '왜'라는 질문은 본래 "무엇을 위해서?", "어떤 목적으로?" 또는 "어디로?"라고 묻는 것과 같은 의미다. 이것은 **구조-기능의 관계**를 가리킨다. 또 다른 '왜'라는 질문은 인과관계를 찾거나 왜 사물이 그렇게 행동하는지 묻는 것이다. 교사가 이러한 질문을 좀더 단순한 질문으로 나누려고 노력하면 질문의 진정한 성격이 드러나게 되고 활동과 추론을 번갈아가며 해결책을 탐색하게 된다.

아동 스스로 자기 자신의 경험과 증거만으로 추론해 낸 단순한 '이유'들은 어른들이 알려주거나 주입된 지식보다 훨씬 가치 있고 중요하다. 어른의 경우에도 이해는 많은 경험을 통해 가능하다. 우리들 대부분이 학교에서 배운 내용을 오랜 세월이 지나 스스로 터득한 후에야 이해하게 되는 것처럼 말이다.

교사의 설명

아동은 조잡한 실험 기구를 사용하거나 자신의 능력을 벗어나는 복잡하고 어려운 실험 과정 문제를 해결하는 데 관심을 가질지 모른다. 이때 지식이 많은 교사는 아동의 학습과 지식의 지평을 넓히는 데 상당히 공헌할 수 있다. 왜냐하면 아동이 가지고 있는 능력의 깊이를 헤아리고 아동이 말하는 정보나 설명의 질과 양을 측정할 수 있기 때문이다. **아동의 질문**은 그들이 알고 싶어 하는 욕구를 나타내고, 알고 싶다는 것은 그들이 흥미 있어 한다는 것을 가리킨다. 관심이나 흥미는 **교사의 설명**을 성공적으로 받아들이게 하는 비옥한 터전이다. 또한 현명한 교사는 질문을 하고 흥미를 보이는 곳에 기능적인 읽기·쓰기 소양에 도움된다는 것을 인식하고 아동에게 좋은 책을 소개할 수 있다. 아동은 자신들의 문제에 관한 답을 찾고 발견할 뿐 아니라 다른 과학자들이 어떤 문제와 씨름했는지도 알게 될 것이다. 그리고 종종 해답을 찾기 위해 얼마나 많은 노력과 연구가 필요했는지도 헤아리게 될 것이다.

내용 간추림

이번 장은 교사와 아동 사이에서 중요한 언어적 의사소통인 질문하기와 질문에 답하기에 관한 내용이었다. 질문하는 방식은 질문이 지닌 효과를 결정하는 핵심 요인이다. 이미 질문 자체가 그 답을 말하기 전이라도 그 속에 제공할 수 있는 답의 유형을 가지고 있기 때문이다.

많은 종류의 질문이 있고, 그것이 아동에게 미치는 여러 가지 영향은 매우 놀랍다. 아동의 활동과 추론을 증진시킬 수 있는지 여부에 따라 생산적 질문과 비생산적 질문으로 구분했다. 비생산적인 질문은 단지 단순하고 언어적인 지식에 대해 묻는 것으로, 예전에 교사가 제시했거나 책에서 찾아낸 말을 반복하도록 한다. 활동을 격려하는 생산적인 질문은 다양한 종류가 있으며 이들은 아동의 경험을 반영하는 위계구조를 이루고 있다.

추론을 증진시키는 질문은 '왜' 또는 '어떻게'로 시작하고 교사나 아동에 의해 제기될 수 있다. 교사가 하는 '왜'라는 질문은 "왜 그렇게 생각하니?"와 같은 말을 포함해야 하고, 아동이 정말 자기 자신의 견해를 만드는 데 필요한 경험을 해본 후 질문해야 한다.

아동이 하는 '왜'라는 질문에 종종 교사들은 부담을 느낀다. 하지만 질문에 모두 대답할 수 있는 것도 아니고 대답해야 하는 것도 아니다. 그 중 몇 가지는 사물의 관계에 대해 묻는 질문이며 이러한 질문은 생산적 질문으로 바꿀 수 있다(4장 참고). 이번 장의 요점은 다음과 같은 지도 방안을 제안한다.

'생산적' 질문하기

1. 비생산적 질문과 생산적 질문을 구별할 수 있도록 서로 다른 종류의 질문이 아동에게 미치는 효과를 연구한다.
2. 아동이 지나치기 쉬운 세부사항을 놓치지 않도록 초기의 탐색에서 가장 간단한 형태의 생산적인 질문(주의집중 질문)을 사용한다.
3. 아동이 순수한 정성적 관찰에서 정량적 관찰로 나아가도록 하기 위해 측정과 계산 질문을 사용한다.
4. 아동의 관찰과 측정값을 정리하도록 도와주기 위해 비교 질문을 사용한다.
5. 관계에 대해 실험하고 탐구하도록 격려하기 위해 행동 질문을 사용한다.
6. 아동이 스스로 가설을 세우고 검증할 수 있는 상황을 설정할 수 있을 때, 문제 제기 질문을 사용한다.
7. 특정한 탐구 주제와 관련하여 아동의 경험에 알맞은 질문의 유형을 선택한다.

'왜'와 '어떻게' 질문을 위한 제안

1. 아동의 추론을 자극하는 질문을 할 때, "너는 ~에 대해 어떻게 생각하니?" 또는 "너는 왜 그렇다고 생각하니?"를 반드시 포함하도록 한다.
2. 아동이 증거에 기초해서 추론하도록 하려면 필요한 경험을 아동이 얻을 때까지는 이런 유형의 질문은 하지 않는다.
3. 아동이 '왜'라는 질문을 할 때, 그 답을 이해할 수 있는 경험을 가지고 있는지 고려한다.
4. 모른다고 답하거나 철학적 질문일 경우 답을 아는 사람이 없다고 말하는 것을 두려워하지 않는다.
5. 답이 복잡한 질문은 아동이 알아내고 이해할 수 있도록 질문을 세분화한다.
6. 아동의 질문은 관심의 표현이므로 다소 엉뚱한 질문이라도 진지하게 들어준다.

Chapter 4

아동이 질문하도록 도와주기—그리고 대답하기

Sheila Jelly

내 경험에 비추어 생각해 보면, 아동이 자발적으로 묻는 많은 질문은 과학과 그리 연관 있는 질문은 아니다. 5세에서 7세 아동이 물어보는 질문은 보통 자신의 일상 경험을 반영하여 "선생님 저 아저씨는 누구세요?"와 같은 일반적인 것이다. 과학 탐구를 위해 자신의 예전 경험을 연관시킬 수 있는 흥미 있는 자료를 제공하는 경우에도, 아동의 호기심은 탐구를 위한 자발적인 질문이라기보다는 단순한 흥미인 경우가 많다. "보세요, 이건[달팽이] 줄기 위에 작은 눈이 달렸어요."와 같은 상황에서 교사는 아동이 과학적인 방법으로 탐구할 수 있도록 문제의 틀을 잡아주고 다음과 같이 개입해야 한다. "그게 정말 눈일까?", "달팽이는 볼 수 있을까?", "우리가 어떻게 알아낼 수 있을까?" 그래서 실제로 과학적 활동은 아동의 질문보다 교사의 질문으로 시작되는 경우가 많다. 이러한 이유 때문에 과학에서 아동의 질문을 다루는 방식은 교사가 아동에게 질문을 던지는 방식과 밀접하게 관련되어야 한다.

3장에서 서로 다른 유형의 질문이 논의되었다. 생산적 활동을 자극하는 생산적 질문과 이와 대조적으로 과학적 활동보다는 사실적 지식의 회상으로 이끄는 비생산적 질문이 있다. **비생산적 질문**은 아동이 답을 알고 있거나("어디서 그걸 알았죠?") 알지 못하는 것("그걸 뭐라고 해요?") 중에 하나다. 아동은 교사의 설명이나 책과 같은 2차 자료에서 답을 얻는다. 비생산적 질문은 대화나 읽기 기능의 발달을 촉진하거나 정보를 습득하기 위해 아이들이 자료를 찾는데 매우 도움이 될지 모르지만 과학 활동의 출발점으로는 매우 제한적이고 비생산적이다. 이러한 두 유형의 질문 특징은 다음과 같이 요약된다.

비생산적 질문	생산적 질문
과학이 정보라는 생각을 조장한다.	과학이 활동 방식이라는 생각을 조장한다.
읽기/말하기와 같은 2차 자료에서 답을 얻는다.	자료를 통한 실제적인 활동을 포함하는 직접적인 경험에서 답을 얻는다.
정답만을 최종 산물로 강조하기 쉽다.	다양한 의견을 존중하고 답을 알아가는 과정에서 배운 것을 성취로 바라본다.
말에 자신감을 갖고 있고 능숙한, 즉 언어적으로 유창한 아동이 가장 성공적인 대답을 하기 쉽다.	모든 아동이 성공적으로 대답할 수 있다.

과학을 활동 방식이 되도록 조장하려면 생산적 질문이 수업에서 장려될 필요가 있다. 하지만 대부분의 교사는 생산적 질문을 어려운 과제라고 생각하기 때문에 비생산적 질문에 좀더 많은 비중을 둔다. 우리들 대부분이 책과 같은 환경 속에서 형식적 교육을 받아왔으며, 사실적 대답을 요구하는 질문 유형에 익숙해져 있기 때문이다. 그러나 생산적 질문은 교사를 위한 매우 강력한 도구이기 때문에 질문 유형을 변화시키려고 노력하는 일은 매우 중요하며 과학 활동을 계획할 때 상당한 가치를 갖고 있다. 또한 아동이 말하거나 행하는 것에 대해 순간적으로 반응해야 하는 '즉각적 생각(thinking on the feet)'의 상황에서도 매우 쓸모가 있다. 특히 아동이 자기 자신의 탐구 문제를 발견할 때, 생산적 질문을 사용하는 것이 중요하다.

우리가 수업에서 질문하기의 범위를 넓히고 그 질을 향상시키려면 다음과 같은 세 가지 사항이 필요하다.

1. 교사 스스로 발문 능력을 향상시킨다.
2. 아동의 호기심을 자극하여 질문하고 싶은 분위기를 만든다.
3. 아동의 자발적인 질문을 다룰 수 있는 방안을 개발한다.

교사의 질문 기능 향상시키기

3장에서 설명된 생산적 질문의 여러 유형을 살펴보면(6장 참고), 다양한 상황

속에서 적용될 수 있는 일반적인 틀이 있다.

"어느 ~이 ~을 위해 가장 좋은가?"
"누가 ~을 갖고 있는가?"(가장 질긴 머리카락, 가장 좋은 시력, 가장 예민한 청력)
"우리가 ~하면 ~게 될까?"(좀더 빠르게 흔들릴까/좀더 길어질까)
"~은 ~을 더 좋아하는가?"(어떤 동물/어떤 음식이나 조건)

특정한 상황에 대한 구체적인 질문을 만드는 일의 열쇠는 연습이다. 이것을 염두에 둘 때 교사가 자신의 **발문 기능**을 향상시키는 데 도움이 되는 세 가지 활동은 다음과 같다.

1. 교실에서 과학 활동이 진행될 때 대화를 녹음하도록 한다. 나중에 교사가 한 질문을 분석한다. 질문이 생산적인가 비생산적인가? 각 유형의 비율은 얼마인가? 생산적 질문은 어떤 종류의 아동 활동을 증진시켰는가? 이러한 활동은 우리 모두를 위한 유익한 경험이다! 처음에는 자신의 수업 방식에 조금 실망할지 모르지만 시간이 지난 후, 질문의 유형이 어떻게 바뀔 수 있는지 주목하면 매우 고무적인 일이 될 것이다.
2. 초등학교 과학 교과서에 있는 질문을 조사한다. 질문이 생산적인가 비생산적인가? 생산적이라면 어떤 과학 경험을 권장하고 있는가? 이러한 활동을 수행했던 많은 교사는 질문 유형에 대한 인식이 증가되었고 스스로 생산적 질문을 만드는 능력이 향상되었다고 말한다.
3. 특정한 상황을 정해놓고 질문을 찾는 연습을 한다. 예를 들어, 주차장에 있다고 생각해보자(모든 학교에 주차장이 있을 테니 유용한 상황일 것이다). 과학을 위해 주차장은 어떤 가능성을 가지고 있을까? 아동의 과학 활동을 자극하기 위하여 어떤 생산적인 질문을 던질 수 있을까? 주의집중 질문의 목록을 만들어보자(3장 참고). 색깔, 모양, 크기, 종류, 생산연도와 같은 분명한 특징이 아닌, 규칙성과 관계를 포함한 질문을 하도록 한다. 예를 들면,

   어떤 차가 녹이 슬었는가?
   차의 어느 부분이 녹스는가?

어느 부분에 녹이 없는가?
모든 차가 똑같은 곳에 녹이 스는가?
녹슨 정도와 차의 생산연도 사이에 어떤 연관이 있는가?
자동차 타이어, 유리창 또는 전등에 대해 어떤 주의집중 질문을 할 수 있는가?

또한, '어떤 자동차 색깔이 가장 안전한가?'와 같은 문제 제기 질문(3장 참고)을 찾아보도록 한다. 그 밖의 다른 질문을 생각할 수 있는가? 주차장 근처에 있는 건물에 대한 탐구를 위해서는 어떤 생산적인 질문을 할 수 있는가?

보통 교실에서 일어나는 사건에서 질문을 찾는 연습을 하는 것도 유용하다. 예를 들어, 5세에서 7세 아동이 교실에서 물놀이를 하는 학습 공간을 생각해보자. 아동은 뜨는 물체와 가라앉는 물체에 대해 직접 관찰할 수 있는 경험을 가질 수 있다. 어떻게 아동의 활동을 확장하여 공정하게 검사[3]하는 경험을 포함시키도록 할 수 있을까? 어떤 질문을 아동에게 할 수 있을까? "누가 가장 좋은 배를 만들 수 있을까?"라는 질문은 재미있는 토론과 활동을 촉진시킬 수 있다. 그 밖의 다른 질문을 생각할 수 있는가?

아동이 자유롭게 질문할 수 있는 교실 분위기 만들기

아동이 질문하고 싶은 분위기를 만드는 데 있어 가장 중요한 것은 교사의 질문이다. 그러나 교사의 질문이 유일한 요인은 아니기 때문에 호기심을 일깨우는 방법과 그런 호기심이 어떻게 특정한 질문과 연결될 수 있는지 생각해 보는 것이 유용하다. 처음 단계에서는 아동의 흥미를 자극할 필요가 있는데 이것은 아동을 학습 자료와 직접 접촉하게 하는 것을 뜻한다. 우리는 아동의 호기심을 끄는 학습 자료의 본성에 대해 주의 깊게 생각해 볼 필요가 있다. 아동이 자발적으로 가지고 오는 학습 자료에는 기본적으로 내재된 호기심이 깔려 있다. 그러나 교사가 선정한 학습 자료는 어떨까? 이것은 두 범주로 나누어 생각해 볼 필요가 있다. 그 하나는 아이들의 호기심을 자극시켜 한 번에 사로잡을 수 있는 자료이고, 다른 하나는 이미 아동의 눈에 익숙하지만 교사

---

3) **역자 주**: 통제변인을 일정하게 유지하며, 독립변인의 효과를 검사하는 것을 말한다(6장 참고).

가 새롭고 도전적인 방식으로 제시하여 호기심을 일깨울 수 있는 자료다. 첫 번째 종류는 색깔, 모양, 움직임과 같은 어떤 성질이 그 자체로 호기심을 유발할 수 있기 때문에 거의 문제가 되지 않는다. 학습 자료를 교실 활동에 도입할 때 학생들의 호기심을 자극 할 수 있어야 한다는 것은 끊임없이 강조된다. 그러나 아동은 대개 교사가 자신들에 대해 가지고 있는 기대치를 추측하여 반응하며 많은 수업 자료는 그림 4-1에 요약된 것과 같은 종류의 활동을 촉진시킨다.

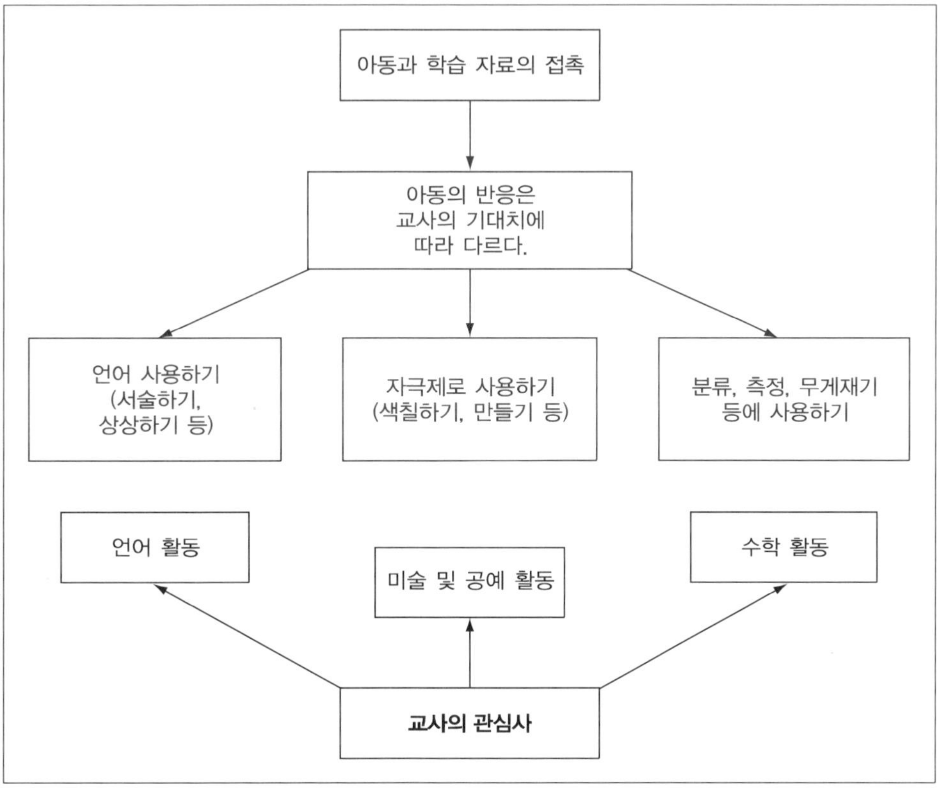

그림 4-1. 학습 자료와의 상호작용으로 유발되는 활동

아동은 자신이 모르는 것에 관련해 질문하기보다는 이미 가진 지식(절차와 기법)을 적용하여 알고 있다는 것을 교사에게 보여주고 싶어한다. 이러한 이유 때문에 교사가 아동의 질문을 기대한다는 것을 의도적으로 나타내야 한다. 이것은 교사의 생산적인 질문 방식과 관련하여 발달될 수 있으며 이러한 방

식은 활동을 한층 강화시킬 수 있다. 적절한 질문이 연결되어 있는 학습 자료로 아동을 상호작용 시키는 활동이나 아동이 자기 자신의 생산적 질문을 만드는 기회를 제공하는 활동이 바로 그런 활동이다. 적절한 질문에 좀더 많이 접할 수 있도록 다음과 같은 방법을 사용할 수 있다. 예를 들어,

- 아동이 읽고, 생각해보고, 탐색할 수 있는 **탐구 질문**을 전시물, 수집물과 연관 지어 수업의 주요 활동이 되게 한다.
- 문제 학습마당(문제 코너)이나 '이번 주의 질문' 활동을 도입한다. 학습 자료와 그와 관련된 질문을 아동에게 제공하여 사고 활동에 필요한 자극제가 되도록 한다.
- 과학 정보를 제공하는 유명 도서를 통해 해결할 수 있는 '탐구 질문'의 목록을 만든다.
- 교사가 만든 과학 활동 카드나 활동지 속에 반드시 질문을 포함한다. 질문은 아동의 탐구 활동에 바탕을 두고, 교실에 전시되는 활동 결과물에는 유용한 제목을 제공해야 한다.

아동이 생산적 질문을 만들기 위한 기회는 다음과 같은 활동을 포함한다.

- 수업 시간에 정기적으로(예 5분 발표하기) 자신이 흥미 있게 관찰한 내용에 대해 이야기하고 여기에서 생각나는 질문 발표하기.
- (위의 활동처럼) 아동이 '이번 주의 질문'을 제공하도록 격려하기.
- 한 활동을 끝낸 후에 아동이 그에 대한 추가적인 질문 목록 만들기(예를 들어, 개별적으로 활동 카드를 완수할 때나 집단별로 전시된 작품을 토의할 때).

이와 같은 기법을 사용하면 놀랍게도 아동이 만든 질문의 질이 시간이 지나면서 상당히 향상된다. 처음에 대부분의 아동은 이러한 유형의 질문을 매우 어려운 과제로 생각하고, 비생산적인 질문만 하는 경향이 있다는 것도 염두에 두어야 한다. 때문에 아동에게 많은 격려가 필요하다. 그렇지만 분명한 것은 질문하기를 지나치게 강조하면 역효과를 낼 수 있고, 열정과 즐거움보다는 오히려 '더 이상 질문을 하지 않는' 침묵 사태를 가져올지도 모른다.

흥미있는 점은 아동의 눈에 매우 '평범한' 학습 자료가 매력적인 학습 자료보다 좀더 많은 질문을 지속시키는 경우도 있다는 것이다. 아마 매력적인 자료에 아동이 몰입하는 것은 그 자체로 충분한 만족이 되고, 더 조사하는 일은 오히려 집중하는 데 방해가 되기 때문일 것이다. 그 이유가 무엇이든지 간에, 평범한 사물을 사용하여 어떻게 질문을 만들 수 있는지 고찰하는 일은 가치가 있다. 예를 들어,

- 일상 사물을 학습 자료로 수집하여 사용하고 적절한 질문을 던진다. 한 예로 조리 기구는 아동의 주의를 끌만큼 특이한 물건은 아니지만 관련된 적절한 질문으로 관심을 불러일으킬 수 있다. 예를 들어, 기능에 따라 도구를 분류해 놓으면 많은 탐구 질문을 할 수 있다. 나중에는 자신이 모은 '평범한' 사물을 체계적으로 조직하여 다른 사람이 탐구할 수 있는 질문을 만들 수도 있다.
- 예상치 못한 결과를 도출해 낼 수 있는 학습 자료를 선정한다. 예를 들면, 튀어 오르는 공에 대해 탐구할 때, 찰흙 공을 플라스틱 판 위에 떨어뜨리면 어떤 결과가 나타나는지 탐구할 수 있다. 보통과 다른 특이한 사건은 질문을 자극하기에 매우 좋다.
- 아동의 관찰을 확장시키는 돋보기와 현미경을 사용하도록 한다. 그래서 아동에게 친숙한 사물의 세부 모습을 자세히 살펴볼 수 있도록 한다.
- 시각적으로 보기 좋지 않더라도 심미적 접근방식을 확장시켜 탐구 활동의 가능성이 큰 것을 전시에 포함시킨다. 예를 들어, 바닷가에 널려 있는 보기 흉한 파편 조각이라도 바다를 주제로 하는 전시물에 포함시켜 도전적인 탐구 질문과 연계할 수 있다.

이러한 지도 방안은 교실의 탐구 분위기를 향상시키고, 아동이 좀더 자발적인 질문을 던지도록 이끈다.

아동의 자발적인 질문 다루기

아동의 **자발적인 질문**은 여러 형태로 나타나고 다양한 의미를 가지고 있다. 다

음과 같은 질문을 생각해보자. 여러분은 각각의 질문에 어떻게 반응하겠는가?

1. 호랑이 새끼를 무엇이라고 부르나요?
2. 왜 비가 오나요?
3. 왜 유리창에서 자기 모습을 볼 수 있나요?
4. 왜 햄스터는 병이 드나요?
5. 파란 물감과 빨간 물감을 섞으면 어떤 색깔이 될까요?
6. 신이 세상을 만들었다면 신은 누가 만들었을까요?
7. 소는 얼마나 오래 사나요?
8. 컴퓨터는 어떻게 작동하나요?
9. 올챙이는 언제 개구리가 되나요?
10. 우주에도 사람이 사나요?

분명히 각 질문의 특성에 따라 그에 대한 우리의 반응도 다르게 나타난다. 우리가 아동에게 올바른 답을 원하더라도, 사실상 우리 모두는 모든 질문에 정확히 대답할 수 없다. 질문 6과 같은 경우에는 정해진 답은 없지만 자신의 생각을 바탕으로 답할 수 있다. 질문 10도 마찬가지이다. 확실한 답은 없지만 어떤 적절한 증거를 바탕으로 가설적인 답을 제공할 수는 있다. 나머지 질문에는 답이 있지만, 각각의 답이 종류가 비슷한 것은 아니며 교사가 모든 질문에 대한 답을 알고 있는 것도 아니다. 또 아동이 모든 답에 비슷하게 접근할 수 있는 것도 아니다.

교사의 일상적인 일로서 아동의 질문에 교사가 반응하는 것을 분석할 때, 우리는 매우 복잡한 상황에 부딪치게 된다. 아동의 질문은 서로 다른 종류의 답을 요구할 뿐만 아니라 종류도 다양하다. 아동은 또한 서로 다른 이유로 질문한다. 아동의 질문은 "나는 직접적인 답을 원해요."라는 뜻을 갖기도 하고 "흥미 있다는 것을 보여주기 위해 질문하지만, 말 그대로 답을 원하는 것은 아니에요."라는 것을 의미하기도 한다. 혹은 "주목을 끌고 싶어서 질문했어요. 답은 중요하지 않아요."라는 것을 뜻할 수도 있다. 이러한 변인을 고려할 때, 우리는 아동이 과학 활동에서 자발적으로 제기한 질문을 어떻게 다루어야 할까? 다음은 이에 관해 어떤 교사가 한 말이다.

아동의 질문은 저를 매우 괴롭힙니다. 단지 주목받기 위해서 질문하는 아동은 잘 다룰 수가 있어요. 하지만 아동의 질문에 대한 과학적 배경 지식이 없는 경우에는 표면적으로 다루게 되고, 답을 모르는 경우에는 당황하게 되지요. 모른다고 말하는 것을 걱정하는 건 아니지만, 그렇게 말하고 싶지는 않습니다. "우리 함께 알아봅시다."라는 방법도 시도해 보았지만, 그것도 쉽지 않아 때로는 좌절하기도 합니다.

많은 교사들이 이 말에 동감하며, 비슷한 상황에 직면할 경우 위에서 말한 방법을 사용할 수 있다. 그것을 비록 유일한 방법도 아니고 실패를 피하는 안전한 방법도 아니지만, 교사가 어려운 질문을 다룰 수 있도록 도와준다. '어려운 질문'이란 복잡한 정보나 충분한 설명을 요구하는 질문을 뜻한다. 이러한 접근방식은 위의 목록 중 1, 7, 9번과 같은 간단한 정보를 요하는 질문에는 적용되지 않으며 전문가의 설명이나 책을 참고하거나 직접 답을 알려줌으로써 쉽게 다룰 수 있다. 이는 다른 교과 분야에서도 이미 많이 접해본 아동에게 익숙한 방식이다. 또한 어려운 질문은 앞에서 논의한 생산적인 자발적 질문과 관련이 없다. 생산적인 질문은 관찰과 경험을 통해 답할 수 있기 때문이다. 본질적으로 우리가 다루려는 것은 복잡한 질문, 특히 모든 자발적인 질문 중에서 가장 자주 나타나는 '왜'라는 질문을 다루는 방안이다. '왜'라는 질문은 충분한 설명을 요구하기 때문에 다루기 어렵다. 교사가 설명을 못할 수도 있고, 어떤 경우에는 설명이 개념적으로 아동의 이해를 벗어날 수도 있기 때문이다.

여기서 권장하는 방안은 "좀더 잘 이해하기 위해 무엇을 할 수 있는지 알아봅시다."와 같은 접근방식으로 질문을 실제적인 행동으로 '바꾸는' 방안이다. 즉, **질문을 '바꾸는' 능력**이 필요하다. 예를 들어, 아동이 섬유의 성질을 탐색하고 있는 상황을 고려해보자. 아동은 여러 종류의 섬유에 물을 떨어뜨리고 물이 천에서 '마치 작은 구슬과 같은' 모양이 된다는 사실을 발견하고 열광한다. 그리고 천을 기울여서 물방울이 여기저기 굴러가도록 한다. 어떤 아동은 "물이 왜 구슬과 같이 되지?"라고 묻는다. 이 질문을 어떻게 바꾸면 직접 행동을 통해 더 많은 것을 알아낼 수 있을까? 우선 상황을 재빨리 분석하고, '**변인 찾기**'를 이용할 필요가 있다. 물방울이 만들어지는 원인을 보다 잘 이해하기 위해 상황을 변화시킬 수 있는 방법을 고려한다면, 아동이 활동할 수 있는 여러 가지 생각이 떠오르게 된다. 우리는 동일한 물방울을 사용하여 여러 가지 표면을 탐색할 수도 있고, 동일한 표면을 사용하여 여러 가지 물방울을 탐색할 수도 있다. 이러한 생각은 아동의 활동에 아이디어를 제공할 수 있다. 예를 들어,

1. 물방울을 똑같게 유지하면서 표면에 초점 맞추기
   물방울이 구슬처럼 둥글게 되는 천의 특징은 무엇인가? 어떤 섬유가 둥근 물방울을 잘 만드는가?
   어떤 섬유가 물방울을 잘 만들지 못하는가?
   둥근 물방울을 잘 만드는 섬유는 어떤 공통점을 가지고 있는가? 어떤 표면이 둥근 물방울을 잘 만드는가?
   둥근 물방울을 잘 만드는 섬유의 표면은 어떤 특징이 있는가?
   둥근 물방울을 잘 만들지 못하도록 천의 성질을 바꿀 수 있는가?
2. 표면을 똑같게 유지하면서, 물방울에 초점 맞추기
   모든 액체가 둥글게 될까?
   둥근 물방울이 잘 생기지 않도록 할 수 있을까?

'변인 찾기'가 어떻게 생산적 질문의 발달을 초래하는지 주목하라. "물이 왜 구슬과 같은 모양이 되지?"라는 처음 질문이 실제적 활동으로 바뀌었고, 아동은 그 현상과 관련하여 자신의 이해를 넓혀간다. 아동은 정확한 원리에 대해 설명은 못하지만 "~할 때 둥근 물방울이 생긴다."나 "~할 때 둥근 물방울이 생기지 않는다."와 같은 자신의 경험에 대한 간단한 일반화는 할 수 있다.

어떤 교사는 '변인 찾기'가 아동의 주위를 딴 데로 돌리는 방법이라고 생각하고, 원래의 질문에 정확히 답하지 않는 것을 불편해 한다. 하지만 이것이 문제가 되는가? 그 질문은 가치 있는 과학적 탐구를 촉진시켰는데 말이다. 또한 아동이 질문하는 의미가 "나는 내 관심을 전달하려고 질문했어요."라는 것일 수 있다는 점을 기억해야 한다. 그런 아동에게도 흥미가 확실히 발달되었다. 실제로 설명이 필요해 그 질문을 시작했던 아동도 활동을 대개 만족해 한다. 이 방안은 다음과 같이 요약될 수 있다.

질문을 **분석**한다.
↓
질문을 **실제적 활동**으로 바꿀 수 있는지 고찰한다.
('실물'을 사용하거나 모의실험을 할 수 있다.)
↓
'**변인 찾기**'를 수행하고, **생산적 질문**을 확인한다.
↓
활동을 촉진하는 **질문**을 사용한다.
↓
아동의 **경험**을 통해 만들 수 있는 간단한 **일반화**를 고려한다.

이러한 방안이 모든 어려운 질문을 다룰 수 있는 설계도는 아니지만, 많은 질문에 대처하는 것을 도와주는 기본 틀을 제공한다. 이 틀을 사용하여(비교적 간단하게 적용할 수 있는) 앞에서 나왔던 '왜 유리창에서 자기 모습을 볼 수 있나요?'라는 질문에 대한 대응 방안을 생각해보자. 혹은 적용이 좀더 어려운 '비행기는 왜 떠있는가?'라는 질문에 대한 대응 방안을 생각해보자. 질문의 사용과 분석에 대한 여러 측면도 처음에는 어렵다고 느낄 것이다. 그러나 질문을 효과적으로 다루는 일은 어떤 과학 프로그램에서도 핵심적인 것이다.

내용 간추림

아동은 자신의 질문하기 습관을 교사로부터 배운다. 탐구로 이끄는 질문을 제기하도록 아동을 격려해야 한다면, 교사가 생산적인 질문을 좀더 많이 하고 비생산적인 질문을 적게 하려고 노력해야 한다. 교사가 질문하는 기능을 연습하고 개선할 수 있는 몇 가지 구체적인 방법은 다음과 같다.

1. 아동이 반응할 수 있는 폭넓은 범주의 학습 자료를 제공한다.
2. 교사는 자신의 질문 방식을 연습하고 개선하여 아동에게 본보기를 제공한다.
3. 아동이 활동할 수 있는 탐구 분위기를 제공한다.

4. 자기 자신의 질문을 만들고 토의하도록 아동을 격려한다.
5. 아동의 자발적인 질문에 긍정적으로 반응한다.
6. 아동의 비생산적 질문을 실제 자료의 탐구를 촉진시킬 수 있는 생산적 질문으로 바꾼다.

또한, 아동이 자유롭게 질문할 수 있는 교실 분위기를 조성해야 한다. 예를 들어, 전시물과 수집물에 탐구 질문을 추가하거나, 교실에 문제 학습마당(문제 코너)을 도입하여 '탐구 질문'의 목록을 만든다. 또한 활동 카드나 활동지에 탐구 가능한 질문을 제공한다. 질문에 대한 일상적인 토의 또한 중요하다. 교사와 마찬가지로 아동도 처음에 비생산적인 질문을 생산적인 질문으로 바꾸는 것이 쉽지 않다는 것을 안다. 신기한 학습 자료가 반드시 최상의 자극제가 되는 것은 아니다. 교사가 생산적 질문을 통해 아동을 탐구 활동으로 이끈다면, 좀더 친숙한 자료로도 충분히 아동이 질문을 제기하도록 돕는다.

아동의 질문에는 간혹 교사가 다루기 어려운 질문도 있지만, 아동의 질문을 다루는 방법을 찾아내는 것이 중요하다. (때문에 아동이 질문하지 않았으면 좋겠다고 바라지 말아야 한다.) 마지막으로 비생산적인 질문이 생산적으로 사용될 수 있도록 아동의 질문을 분석하기 위한 방안이 서술됐다.

Chapter 5

아동 자신의 생각을 진지하게 다루기

이 장은 아동이 자신의 생각을 사용하고 발달시키는 내용에 관한 것이다. 즉, 아동의 생각을 진지하게 다룬다는 것을 뜻한다. 가장 중요한 점은 아동이 어떤 생각을 지니고 있고 교사가 아동의 생각을 알아낼 수 있는 방법은 무엇이며, 좀더 과학적인 생각을 공부하기 위한 출발점으로 이런 생각들을 어떻게 효과적으로 사용할 수 있는 가이다. 아동의 생각을 진지하게 다루는 것과 그렇지 않은 것의 의미를 설명하기 위해, 이 책의 초판 7장에서 로저 오즈본(Roger Osborne)은 다음과 같은 교실 관찰 내용을 이야기했다.

> 나는 최근 9세 아동의 학급 지도교사와 함께 하루 종일 시간을 보냈다. 그 날 수업 내용은 음식과 맛에 관한 내용이었고 수업을 위해 지도교사는 열심히 준비했다. 주제에 관한 배경지식을 미리 공부하고, 아동이 여러 가지 음식을 맛볼 수 있는 활동을 준비했다. 수업을 시작하면서 교사는 전체 학급에게 "우리는 왜 음식을 먹나요?"라고 질문했다. 모든 아동이 열심히 손을 번쩍 들었다. "아침에 정신이 들기 위해", "배고프지 않기 위해", "피곤해지지 않기 위해" 등의 답이 나왔다. 교사는 아동들의 여러 의견을 듣고 있었지만 교사가 원했던 답은 아니었다. 교사는 답을 들으면서 상투적으로 고개를 끄덕였고, 좀더 과학적인 답을 찾기 위해 아동들의 답을 건성으로 흘려들었다.

진심으로 아동의 생각에 주의를 기울이지 않고 건성으로 반응하는 일은 흔히 볼 수 있는 교실 풍경이다. 학생의 반응을 무시하지 않는 태도가 중요하다는 것이 많이 알려지고 글로 쓰였음에도, 이 교사처럼 행동하기 쉽다. 뉴질랜드의 로저 오즈본과 그의 연구진은 학생이 과학 수업 이전에 가지고 있는 생각을 연구한 선구자였다(예를 들어, Freyberg, Osborne, and Tasker, 1983). 이들 연구자와 미국, 영국의 다른 연구진도 중등학교 학생의 생각을 연구하기 시작했고, 나중에는 좀더 어린 아동으로 관심을 옮겼다.

아동은 태어나면서부터 스스로 사물에 대해 알아내고, 종종 '비과학적' 생각에 도달한다는 사실을 피아제(Piaget)가 우리에게 오래 전에 일깨워주었다. 예를 들어, 바닥이 좁은 긴 그릇에 든 물을 넓은 그릇에 붓는다면, 그 양이 변한 것처럼 보인다. 겉모양만 보고 말한다면 그 양이 달라졌다고 결론을 내릴 수 있다. 피아제는 어린 아동이 부피나 양에 관해 논리적인 주장을 하기보다는 오히려 겉모양으로부터 자신들의 생각을 형성한다는 것을 보여주었다. 피아제가 일찍이 우리에게 아동이 지닌 생각을 인식할 수 있도록 일깨워주었지만, 교육에 대한 시사점이 논의된 것은 이보다 훨씬 뒤의 일이었다. 몇 가지 사례를 살펴보면, 아동의 생각을 진지하게 다루어야 하는 이유가 분명해진다. 이 장의 처음 부분에서 우리는 최근에 조사되었던 많은 내용 중 생물, 간단한 전기회로, 빛, 소리, 그리고 뜨는 것과 가라앉는 것과 같은 몇 가지 과학 개념에 대한 아동의 생각을 선별적으로 제시한다. 그 다음 우리는 아동이 자신들의 생각을 바꾸고 좀더 과학적인 생각을 할 수 있도록 돕기 위해 교사가 무엇을 할 수 있는지 살펴볼 것이다.

아동의 생각에 대한 사례

생물에 대한 생각

뉴질랜드의 벨(Bell, 1981)은 '동물'이란 낱말에 대한 아동의 생각을 조사했다. 그녀는 아이들에게 소, 고래, 거미, 벌레, 사람을 포함한 다양한 생물의 그림을 보여주었다. 그리고 각각의 그림에 대해 "여러분이 생각하는 동물이라는 단어의 뜻을 생각해 볼 때, 이 그림들을 동물이라고 생각하나요?"라고 묻고, '예'나 '아니요'와 관계없이, 그렇게 대답한 이유를 물어보았다. 면담자의 주요 질문은 "왜 그렇게 생각하나요?"와 "그 이유가 무엇인가요?"였다. 면담결과 대부분의 아동이 동물을 단지 땅에 사는 커다란 포유동물로 생각한다는 것을 알 수 있었다. 예를 들어, 농장, 동물원 또는 정글에 있는 동물이나 가정에서 키우는 애완동물과 같은 것이다. 아동이 동물로 분류하는 기준은 다리의

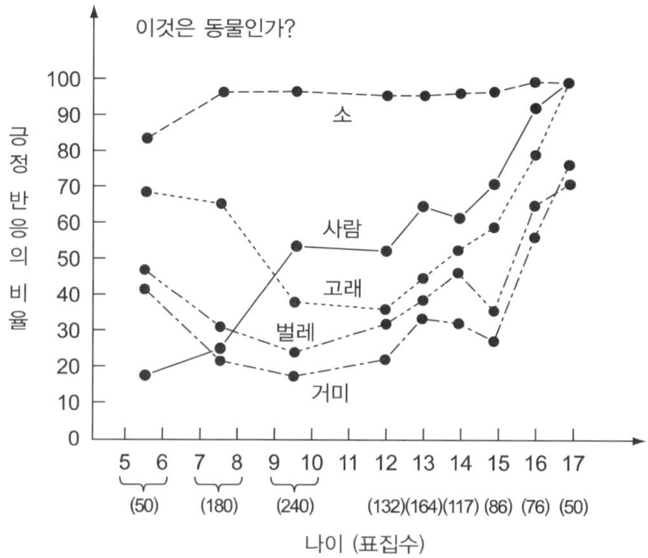

그림 5-1. 이것을 동물이라고 생각하나요? (Bell, 1981)

수(동물은 4개), 크기(동물은 크다), 서식지(동물은 땅에 산다), 그리고 피부 모양(동물은 털이 있다) 등이었다. 여러 연령대에서 몇 명의 아동이 소, 고래, 거미, 벌레, 사람을 동물이라고 생각하는지 알아보기 위한 연구가 설계되었다. 그 결과는 그림 5-1에 제시되었다. 16~17세인 학생은 학교에서 생물을 공부하고 있었고, 나머지 모든 아동도 일반 과학을 공부하고 있었다.

또한 연구자들은 아동이 식물이란 말을 제한된 방식으로 사용하고 있다는 것을 발견했다. 벨은 10, 13, 15세 아동들을 면담했고, 그중에는 나무가 식물이 아니라고 생각하는 아동들도 있었다. 10세 아동은 면담자에게 "나무가 자라나기 전에는 식물이지만, 크게 자라나면 식물이 아니에요. 나무가 되면 식물이 아니에요."라고 대답했다. 면담한 아동 중 거의 절반은 당근과 양배추가 식물이 아니고 채소라고 생각했다. 또한 씨앗을 식물이라고 생각하지 않았다. 과학을 어느 정도 배운 15세의 나이에서 조차도 그렇게 생각했다(Osborne & Freyberg, 1985).

아동은 부화하고 있는 달걀 내부나 자신의 몸속에 있는 뼈와 같이 직접 볼 수 없는 것에 대해서도 생각한다. 예를 들어, 그림 5-2의 그림은 어떤 아동이 부화하고 있는 달걀을 그린 것이다. 분명히 모든 아동은 병아리가 껍질을 깨고

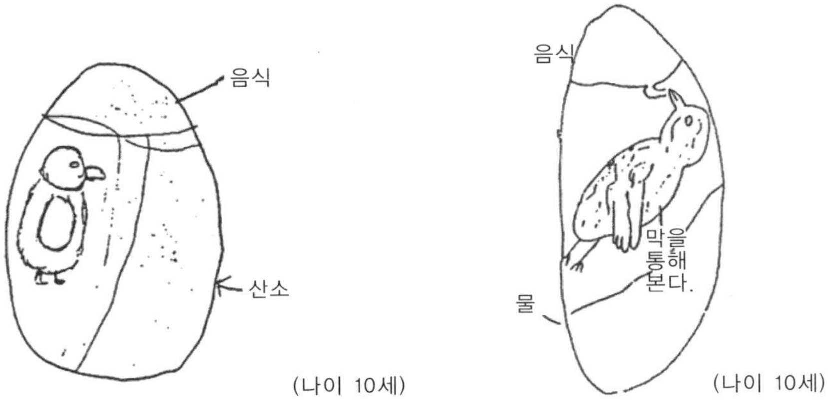

그림 5-2. 달걀 속에 무엇이 있다고 생각하나요? (SPACE Research Report Growth, 1990)

나오며 내부에서 병아리가 어떤 식으로든 형성되고 있다는 것을 알고 있다. 교사가 부화하는 달걀의 내부 모습을 그려보라고 하자 아동은 다양한 생각을 가지고 반응했다. 일부 아동은 병아리가 발생(development)하는 것이라고 생각했지만, 대부분의 아동은 완벽하게 만들어진 작은 병아리가 단지 커다란 병아리로 성장한다고 생각했다.

전류에 대한 생각

영국, 미국, 뉴질랜드의 연구자들은 간단한 전기회로에서 전류가 어떻게 흐르는지 초등학교 아동을 대상으로 그들의 생각을 조사했다. 아동은 그림 5-3에 서술된 것처럼 서로 다른 네 가지 견해를 가지고 있었다(Osborne, 1983). 대부분의 초등학교 학생에게 전지 · 전구 및 전선을 주면 전구의 꼭지를 전지의 위쪽 단자에 연결시켜 전구에 불이 들어오도록 시도한다. 이들 아동에게 두 번째 전선이 필요하다는 것을 보여주었을 때도 그 중 몇몇은 여전히 "전류는 전지에서 전구로 가고, 거기서 모두 소모돼요."라는 모형 A의 견해를 지니고 있었다. 또한 전류가 흐르지 않는 전선을(전류가 흐르도록 하는) '일종의 스위치' 또는 일종의 안전선(safety wire)으로 간주했다. "두 전류가 전구에서 충돌해서 전구에 불이 들어와요."라는 모형 B는 초등학교 아동 대부분이 생각하는 흔한 모형이다. 좀더 고학년 아동은 모형 C와 같은 견해를 지니고 있다. 이들 아동은 순환하는 전류의 성질을 이해하는 것처럼 보이지만, "전구에

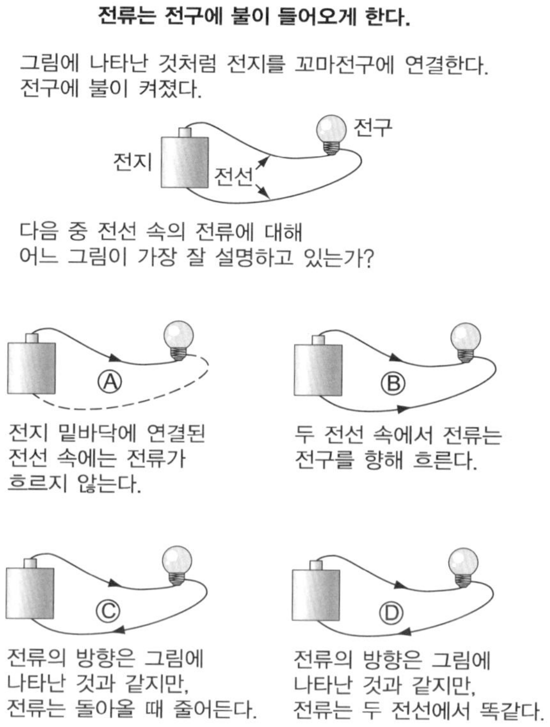

그림 5-3. 전기회로에 어떤 일이 일어난다고 생각하나요? (Osborne 1983)

불이 들어오기 위해 전류가 어느 정도 소모돼야 한다."고 생각한다. 최종적으로 모형 D는 과학적인 견해다. 9세 아동 중에도 이러한 견해를 가지고 있는 아동이 있지만 대부분은 그렇게 생각하지 않는다. 어린 아동에게 모형 D를 어떻게 생각하는지 물어보면 전류의 세기가 똑같다는 것을 이해하지 못한다. 그래서 아동은 "그럼 어떻게 전구에 불이 들어오나요? 또 어떻게 전지가 닳아 버리나요?"라고 묻는다.

빛에 대한 생각

빛에 대한 아동의 생각을 조사한 결과, 사물을 보는 데 있어 눈의 역할과 관련하여 아동들이 상당히 유사한 생각을 가지고 있다는 것을 보여주었다. 사물을 시야에서 숨기거나 눈을 감으면 사물이 더 이상 존재하지 않는다고 믿는 단계를 지난 아동들이라 할지라도, 사물이 보이는 것은 빛이 아니라 자신들의 눈 때문이라고 보는 과정을 서술한다. 그림 5-4는 촛불에서 나온 빛을 어떻게

그림 5-4. 10세 아동의 그림에 나타난 '능동적인 눈'(SPACE Research Reports Light, 1990)

보는지에 대한 10세 아동의 그림이다. 그림에서 알 수 있는 것처럼, 눈에서 빛과 같은 무엇이 나와서 사물을 본다고 생각한다.

눈을 빛을 받아들이는 수신기라고 생각하기보다는 능동적 작인(active agent)이라고 생각하는 것은 그럴듯하다. 왜냐 하면 이러한 생각은 '보는 것'이라는 주관적인 경험과 일치하기 때문이다. 우리가 어떤 것을 보려고 선택할 때, 우리는 그 과정에서 능동적 작인인 것처럼 우리의 눈이 방향을 바꾸는 것을 느낀다. 수신기인 눈에서 물체로 가는 화살표는 시선을 나타낸다. 여러분은 이러한 생각이 어두운 곳에서는 볼 수 없다는 사실로 쉽게 도전받을 수 있다고 생각할 것이다. 그렇지만 아동은 그것에 대해 다음과 같이 대답한다.

> 불이 꺼져 있으면 눈은 아무 것도 볼 수 없지만, 불이 켜지면 눈이 사물을 볼 수 있도록 (눈에서 나가는) 빛이 만들어져요. 그래서 불빛이 없으면 눈이 볼 수 없지만, 불빛이 있으면 눈이 볼 수 있어요. (Harlen 2000a, 51)

소리에 대한 생각

아동은 소리를 듣는 귀가 수신기 역할을 한다는 생각을 비슷한 역할의 눈보다는 좀더 쉽게 받아들인다. 이것은 음원이 광원보다 더 분명하기 때문일지 모른다. 보통 물체는 빛을 직접 방출하기보다는 반사하기 때문에 눈에 보이게 된다. 영국에서 수행된 스페이스(SPACE) 프로젝트에서는 아동에게 다양한 도구로 소리를 만드는 기회를 제공한 후, 소리에 대한 아동의 생각을 조사했다.

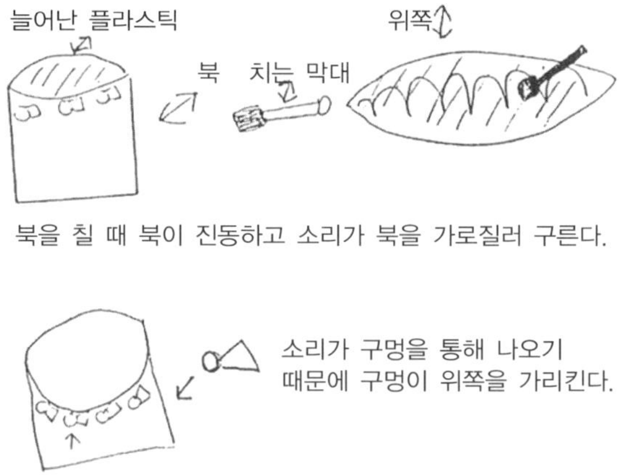

그림 5–5. 북이 어떻게 소리를 만든다고 생각하나요? (Unpublished SPACE research)

북이 소리를 내는 가장 단순한 원리는 치는 충격이 '소리'를 만든다는 것이다. 그림 5-5는 한 학생이 소리를 진동으로 설명한 그림이다. 여기서 진동이 북의 '구멍'을 통해 나온다는 것에 주목해야 한다. 아동들은 공통적으로 소리가 공기를 통해 또는 적어도 고체의 구멍을 통해서 이동하고, 고체 자체를 통해서는 전달되지 않는다고 생각한다.

'진동'의 개념은 소리와 모호하게 연관되어 있어 소리와 진동이 같다고 생각되거나 때로는 어떤 인과관계를 갖고 있는 것으로 생각된다. 또한 진동을 직접 관찰할 수 있을 때는 음원과 관련짓지만, 그렇지 않은 경우는 관련지어 생각하지 못한다. 요구르트 병과 실로 만들어진 '실전화기' 그림에 대한 10세 아동의 설명은 그 둘을 연결하려는 노력을 보여준다(그림 5-6).

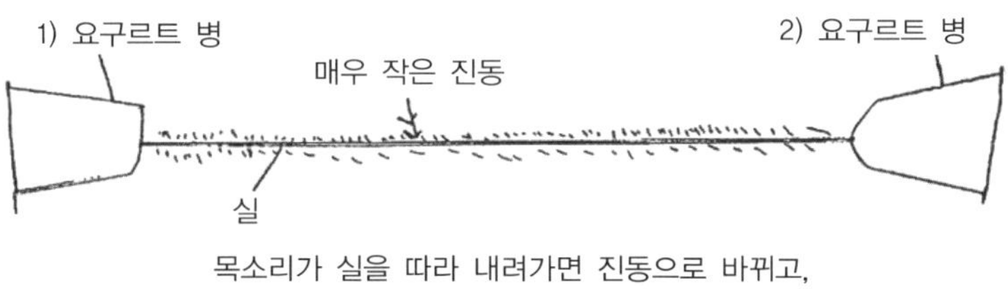

그림 5–6. 실전화기가 어떻게 작동한다고 생각하나요? (Unpublished SPACE research)

뜨는 것과 가라앉는 것에 대한 생각

뜨는 것은 물속에 있는 물체에 작용하는 여러 힘의 평형과 관련된 현상이다. 그러나 아동은 뜨는 것이 물체의 이동 속력이나 물의 깊이와 같은 여러 요인과 관련되어 있다고 생각한다. 더구나 '뜨는 것'에 대한 개념도 모호하다. 뉴질랜드(Biddulph & Osborne, 1984)의 연구자들은 물속에 가라앉거나 떠있는 여러 물체가 그려진 그림 카드를 사용해, 아동이 뜨는 것의 의미를 어떻게 이해하고 있는지 조사했다. (예를 들어, 구명조끼를 입고 떠 있는 사람처럼) 일부분은 수면 위에 떠 있고 일부분은 수면 아래에 가라앉아 있는 물체의 그림을 가지고 토론할 경우, 물체가 뜨는지에 대한 여부는 물체의 얼마나 많은 부분이 물위에 있고 얼마나 많은 부분이 수면 아래 있는지에 영향을 받는 것처럼 보였다. 수면 위에 있는 비율이 크다면 물체가 뜬다는데 일반적으로 동의했다. 그러나 (물 위에 단지 목 부분만 떠 있는 병의 경우처럼) 단지 일부분만 수면 위에 있는 경우에는 물체가 일부분 떠있고 일부분 가라앉아 있다고 대답했다. 한 9세 아동은 면담에서 "그것은 떠있기도 하고, 떠있지 않기도 해요. 윗부분은 떠있고, 바닥은 떠있지 않아요."라고 말한 것으로 보고되었다.

물체의 운동 여부 또한 물체가 뜨는지 안 뜨는지에 대한 판단에 영향을 주었다. 어린 아동은 그림에서 움직임이 분명하게 보이는 쾌속정은 움직이고 있기 때문에 떠 있는 것이 아니라고 주장했다. 한 8세 아동은 "뜨는 것은 한 곳에 가만히 떠 있는 것이에요."라고 말했다. 대부분의 아동은(잠수관을 사용하여 수면 아래서 헤엄치는 사람처럼) 완전히 물속에 잠긴 물체는 떠 있지 않는 것으로 생각했다.

아동은 왜 이런 생각을 가지고 있을까?

아동이 이런 생각을 지니고 있는 몇 가지 이유를 깨닫는 것은 어렵지 않다. 예를 들어, 오즈본과 그 밖의 연구자들이 언급했던 것처럼, '동물 출입금지'와 같은 상점의 팻말은 동물 개념에 대한 좁은 생각을 강화할 것이다. 동물원에 있는 '동물의 집'이라는 표시도 그럴 것이고, 일상적으로 흔히 사용하는 동물과 물고기의 구별도 그럴 것이다. 일상생활에서 동물이라는 낱말을 사용하는 방식은 모든 동물이 공유하는 공통적인 특징에 기초한 '올바른' 사용법과 모순된다. 어떤 특정한 사례에서 그 낱말의 어떤 의미가 사용되는지 불확실하다면, 아동의 이해에 심각한 영향을 줄 수 있다. 교사는 그 낱말이 일상적인 상황에서 막연하게 사용되는 것을 막을 수는 없지만, 아동에게 어떤 의미로 이해되는지 알아볼 필요가 있다.

또 다른 경우에 아동은 **제한된 경험**을 바탕으로 현상을 추론하기도 한다. 예를 들어, 아동은 금속의 녹이 외부에서 생긴 것이 아니라 금속 내부에서 나온 것이라고 생각한다. 만일 아동이 얇게 벗겨져 떨어지는 페인트 칠 밑에서 또는 못의 외부에서 녹을 보았다면, 이러한 생각은 매우 그럴 듯하다. 한 아동의 글에서처럼, 녹이 '못에서 새어나온 것'처럼 보이기 때문이다(Association for Science Education, 1998b).

아동은 어떤 현상의 원인이 여러 가지가 될 수 있다고 생각하기보다는 특정한 결과에 대한 원인으로서 단지 한 가지에만 초점을 맞춘다. 예를 들어, 6~7세 아동은 식물이 자라는 데 물 또는 빛 혹은 흙이 필요하다고 말할지 모르지만, 이 세 가지 요소가 모두 필요하다고 생각하지는 않는다. 또한 앞에서 우리가 주목했던 것처럼 단순히 모양에 의해 생각하기도 한다. 만일 긴 모양의 그릇에서 넓적한 그릇으로 물을 부으면 아동의 눈에는 물의 양이 다른 것처럼 보인다.

이러한 사실들은 아동의 생각 뒤에 어떤 사고가 존재한다는 것을 시사한다. 기대하는 바와 같은 과학적인 추론이 아닐지 모르지만, 아동의 사고는 **아동 자신에게 의미가 있는 생각**을 만들어낸다. 일반적으로 자신이 알아낸 생각을 과학적 사실보다 더 믿는 경향이 있다. 실제로, 아동이 '올바른' 과학적 견해를 배웠더라도 자기 자신의 생각을 계속 믿는다는 연구 증거도 있다(과학적 견해는 단지 아동이 시험을 통과하기 위해 암기한 학습 내용으로, 자신의 생각이나 경험을 통해 이해한 것이 아니기 때문인지 모른다). 간단한 전기회로에서의 전류는 바로 이러한 사례를 보여준다. 고등학생은 옴의 법칙(Ohm's law)을 기억하고 다룰 수 있지만, 여전히 전구에서 나오는 전선보다 전구로 들어가는 전선에 더 많은 전류가 흐른다고 믿는다.

그래서 우리는 아동의 생각이 공상이나 상상력에 의해 생기는 것이 아니라 그들 사고의 산물이라는 것을 알 수 있다. 이런 생각은 대개 과학 개념과 일치하지 않으며, 확장되는 경험을 이해하는 데 도움이 되지 않는다. 아동의 생각은 종종 미숙한 사고 과정에서 초래되기도 한다. 예를 들면 아동은 단지 부분적인 증거만을 수집하고 고려하며 유사한 것을 서로 비교하지 않는다. 아동이 자기 주변 세계에 대한 자신의 이해를 발전시키려면 좀더 폭넓고 쓸모 있는, 즉 과학적인 생각을 발달시켜야 한다. 하지만 **수업의 출발점**은 과학적인 생각이 아니라, 아동 자신의 생각이 우선시돼야 한다. 때문에 수업의 첫 번째 단계에서 아동의 생각이 무엇인지 알아내는 것이 중요하다.

아동의 생각 알아내기

아동의 생각을 알아내기 위해 가장 중요한 점은 아동이 '틀린' 답을 말할까봐 두려워하지 않고 자신들의 생각과 사고방식을 자유롭게 표현할 수 있는 편안한 교실 분위기를 조성해야 한다는 것이다(2장 참고). 호의적인 분위기가 형성된 이후, 교사가 아동의 생각에 접근할 수 있는 몇 가지 방법이 있다. 중요한 방법은 질문하기, 아동의 그림과 개념도 사용하기, (그림 5-8에 있는 '개념 만화'와 같은 것을 사용하여) 토론하기 및 듣기 등이다.

수업이나 어떤 주제를 가지고 활동을 시작할 때 아동에게 질문하는 것은 교사가 가장 선호하는 방법이며, 아동의 사고에 연결하려는 시도이다. 그렇지만 질문의 형태는 생각을 필요로 한다. 질문에 대한 답은 한마디 이상을 요구해야 하고, 아동이 정말로 생각하고 있는 것을 말하도록 이끌어줘야 한다. 이 장 처음에 제시되었던 상황처럼 만약 교사가 "**여러분은** 우리가 왜 음식을 먹는다고 **생각하나요**?"라고 질문했다면, 훨씬 더 생산적이었을 것이다. "여러분은 어떻게 생각하나요?"라는 간단한 언급은 여기서 매우 중요하다. "소금을 넣은 물을 휘저으면 (젓지 않는 것과 비교해) 어떤 차이가 생길 것이라고 여러분은 생각하나요?"와 같은 질문은 "물을 휘저으면 소금이 더 빨리 녹을까요?"라는 질문보다 더 바람직하다.

아동의 생각에 접근하기 위한 가장 유용한 질문은 '**개방적**'이고 '**개인 중심적**'으로 서술된 질문이다. 개인 중심적 질문은 '정답'이 아니라 아동의 생각을 직접 물어보는 말이다. 그래서 "왜 냉이가 이 토양에서 잘 자란다고 여러분은 생각하나요?"라는 질문이 "냉이는 왜 이 토양에서 잘 자랄까요?"라는 질문보다 바람직하다(여러 가지 유형의 질문을 만드는 것은 3장을 참고하라).

아동에게 **그림**을 그리게 할 때도 같은 방식으로 질문할 수 있다. 예를 들어, "달걀 속에서 어떤 일이 일어난다고 생각하는지 그려 보세요."와 같은 질문은 그림 5-2에 대한 자극제 역할을 했다. 만일 교사가 변화에 대한 아동의 생각에 관심이 있다면 그리기 방법을 응용할 수 있다. 예를 들어, 우리가 입고 있는 T셔츠의 재료가 옷으로 만들어 지기 전에 무엇이었고, 재료는 어디서 왔는지 등을 보여주는 '줄 만화'와 같은 일련의 그림을 학생들에게 그리도록 요구할 수 있다.

또 다른 유용한 그림은 **개념도**다(그림 5-7을 보라). 개념도 그리기[4]는 다양한 의미를 가지고 있다. 이 맥락에서 개념도는 단지 개념을 서로 연결시키는 것을 말한다. 개념도는 아동의 생각에 접근할 수 있는 매우 직접적인 방법이지만, 사용되는 낱말을 아동이 친숙하게 느껴야 하기 때문에 아동의 눈높이에

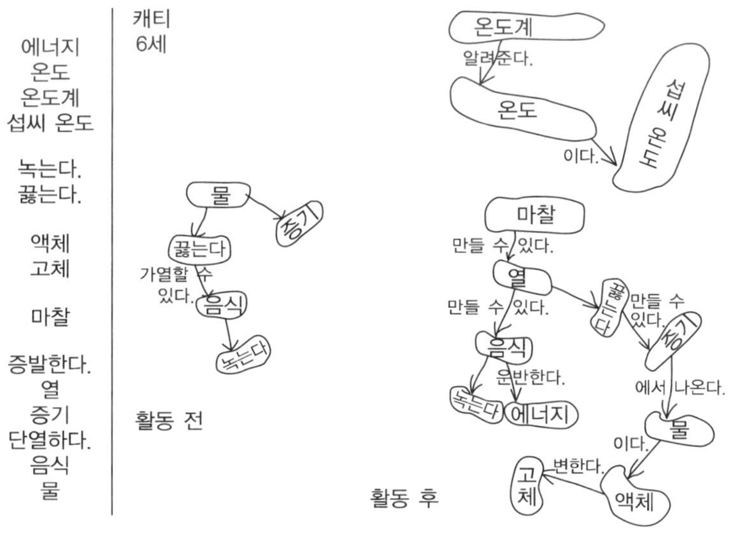

그림 5-7. 6세 아동의 개념도 (Harlen 외, 1990)

4) **역자 주**: 원래 노백과 고윈(Novak & Gowin, 1984)에 의해 제안된 개념도는 학습하는 법을 학습하도록 도와주기 위해 제안되었으며 개념 사이의 관계뿐만 아니라, 위계를 나타낼 수 있도록 되어 있다. 이러한 개념도에서는 상위 개념이 맨 위쪽에 배열된다.

맞춰 사용되는 낱말의 난이도를 주의 깊게 조정할 필요가 있다. 개념도를 그릴 때에는 낱말 사이를 연결할 때 화살표로 관계의 특성과 방향을 표시하고 연결어를 적는다. 몇몇 개념이 연결되면 그 관계는 그물이나 지도 모양이 된다. 이 과정은 어린 아동이라도 쉽게 이해할 수 있으며 사물을 보고 연상하거나 인과관계를 보는 방법에 대한 통찰을 제공한다. 특히 어린 아동에게는 낱말을 이리저리 움직일 수 있는 카드를 이용하는 것도 도움이 된다. 또한 화살표를 그려 넣은 카드를 사용하여 아동이 연결하기 원하는 낱말 사이에 놓도록 할 수 있다. 아동을 위해 교사가 또는 아동이 직접 연결어를 화살표에 적어 넣는 것은 중요하다. 아동이 사물을 이해하는 방식에 실마리를 제공하는 것이 바로 연결의 특성이기 때문이다. 이러한 개념도는 아동의 생각이 어떻게 변했는지 알아보기 위해 활동 전후에 사용될 수 있다.

이러한 모든 방안에서 아동이 사용하고 있는 그림이나 낱말의 의미를 분명히 하려면, 교사가 아동과 함께 토론하는 것이 좋다. 또한 아동이 모둠 토론을 할 수 있는 상황을 설정하는 것도 도움이 된다. 아동은 자신들이 탐구한 것을 설명하거나, '**개념 만화**'(그림 5-8 참고)에 제시된 것과 같은 새로운 상황을 토론하면서 서로의 의견을 주고 받는다. 그때 교사는 학생들이 사용하고 있는 낱말이나 생각을 파악하면서, 대화 내용을 청취하도록 한다.

그림 5-8. 개념 만화(Naylor and Keogh, 2000)

듣기는 아동의 생각을 알아낼 수 있는 가장 핵심적인 활동이다. 앞에 예시된 '진동'과 '뜨는 것'에 대한 사례에서도 설명되었듯이 아동은 낱말의 의미를 충분히 파악하지 않고 (종종 교사로부터) 주워들어 사용한다. 또 다른 예는 '증발', '용해', '반사'나 '블랙홀', '전자', '양성자' 같은 과학적 개념을 잘 알지도 못하고 사용하며 아동은 그 낱말들을 마치 우승컵처럼 과시한다. 바로 다음 절에서, 그리고 8장에서 아동이 과학 용어의 뜻을 파악하고 적절하게 사용하도록 돕기 위해 우리가 무엇을 할 수 있는지 논의할 것이다.

아동의 생각을 변화시키기 위해서 우리는 무엇을 할 수 있을까?

이 질문은 '아동의 생각을 바꾸려고 해야 하는가?'라는 질문에 대한 긍정적인 답을 전제로 한다. 아동이 현재 자신의 생각에 만족하더라도, 그들의 경험이 확장되면 자신의 이해를 뒷받침하기에 적절하지 않다는 것을 깨닫게 된다. 더구나 아동 스스로 깨우치게 한다고 해서 저절로 좋은 과학적 설명에 도달할 것이라는 증거도 없다. 하지만 처음의 생각이 지속되면 그 후의 학습을 방해한다는 증거는 존재한다. 그렇다고 수준 높은 과학적 생각을 강요해야 한다는 것은 아니다. 확장되는 경험이 새로운 증거를 제공하면 그 증거를 바탕으로 자신의 생각을 재고하는 태도를 기르는 것이 더욱 중요하다. 이런 방식은 아동의 과학적 이해는 발전시킨다. 1장에서 언급했던 것처럼 아동의 생각은 '비판적으로 조사되고, 증거에 비추어 필요하다면 수정되고 재구성'돼야 한다.

그렇다면 이러한 발달을 촉진시키고, 생각이 좀더 과학적으로 진보된다는 것을 확신하기 위해 교사는 무엇을 할 수 있는가? 아동이 자신의 생각을 표현할 때까지 교사는 무엇이 필요한지 정확하게 알지 못하기 때문에, 교사의 할 일을 명확하게 파악하는 것이 가능하지 않다. 우리가 특정한 접근방식을 언제 사용해야 하는지 미리 알 수는 없지만 교사는 최근의 연구와 경험을 토대로 효과적이었던 일련의 방안에서 적절한 것을 선택할 수 있으며, 아동의 비과학적인 생각에 대처할 수 있다. 우리는 아동의 생각이 여러 이유로 인해 과학적이지 않을 수 있다는 것을 보았다. 아동의 생각은 제한된 경험에서 형성되기도 하고 논리보다는 지각에 의해 영향을 받으며, 여러 관련된 특징 중

아동 생각의 바탕	대응 방안
제한된 경험	아동이 인지적 갈등을 일으킬 수 있는 폭넓은 경험을 제공한다. – 예를 들어, 흙 없이 식물 키우기, 뜨지 않는 나무, 물과 고체를 통해 소리 듣기.
논리보다는 지각에 바탕을 두기	추가적으로 더 탐구하도록 하고, 처음과 마지막 상황에 초점을 맞추는 것이 아니라 변화의 과정에 초점을 맞춘다. 그래서 지각에 대한 다른 해석을 이끌어낸다.
다른 것은 무시하고 한 가지 특징에만 초점 맞추기	아동이 끊임없이 생각하도록 이끌어 준다. – "또 다른 것은 없을까요?" "식물에 물을 주는 것만으로 충분할까요?"
잘못된 추론	아동이 자신의 생각을 좀더 엄격하게(공정하게) 검사하고, 결론을 끌어내는 데 모든 증거를 사용하도록 돕는다.
특정한 상황에 국한하기	아동의 생각이 과학적으로 타당한지 알아보기 위해, 활동과 관련된 새로운 상황에 아동의 생각을 적용할 수 있도록 이끌어준다. – "공기 중의 수증기가 응결된다는 생각을 바탕으로 냉장고에서 꺼낸 찬 깡통에 생긴 습기를 설명할 수 있을까요?"
낱말의 오해	아동이 사용한 낱말이 의미하는 구체적인 예를 물어보고, 아동이 사용하는 말과 다른 뜻임을 강조하면서 과학적인 용어를 도입한다. – 예를 들어, '비친다' 또는 '투명하다'

그림 5-9. 아동의 생각에 대한 대응 방안 마련하기

에서 한 부분만을 고려하기도 한다. 또한 잘못된 추론이나 비과학적인 과정 기능의 사용으로 초래되기도 하며, 하나의 상황에만 국한되거나 낱말의 뜻을 오해한 것일 수도 있다. 그림 5-9는 각각의 가능한 이유와 그에 대응하여 교사가 사용할 수 있는 방안을 제시한다.

그중 가장 중요한 것은 아동이 자신의 생각과 **다른 생각**이 있다는 것을 깨닫도록 도와주고, 모든 생각이(다른 사람과 자기 자신의 생각을 포함한) **뒷받침되는 증거**가 있어야 의미가 있다는 것을 알게 하는 것이다. 아동의 비과학적인 생각은 종종 반대되는 증거에도 불구하고 계속 지속되는 경우가 많다. 그것은 아동이 이용할 수 있는 더 좋은 다른 설명 방법이 없기 때문이다. 그래서 교사는 그 대응 방법으로 아동이 지닌 생각과는 다른 과학적 생각을 도입할 필요가 있다. 교사는 사물에 대한 과학적인 견해를 언제 도입해야 하는지, 어떻게 도입해야 하는지, 또는 도입 여부에 대해 분명하지 않을 때가 있다.

교사는 자신의 설명을 아동이 이해하지 못해 더 혼동되거나 아동이 이해할 수 있는 방법으로 설명하지 못하는 것을 두려워한다. 결과적으로, 아동은 자신의 이해를 시험해 보고 확장시킬 수 있었음에도 불구하고 자기 자신의 '일상적' 사고방식에 머무르게 될지도 모른다. 여기서 지적할 두 가지 중요한 점이 있다. 그 하나는 교사가 비록 중요한 정보를 제공하지만, 정보는 항상 교사로부터 얻는 것은 아니라는 점이다. 교사 이외의 정보 출처(source)에는 다음과 같은 것이 있다.

- 다른 아동
- 도서, 영화, 비디오, CD-ROM, 인터넷
- 다른 어른
- 교실 밖의 현장학습과 견학

두 번째는 교사가 새로운 생각(그 정보 출처가 어떤 것이든지)과 아동 사이의 **매개체**(interface) 역할을 한다는 것이다. 이 역할의 핵심적인 특징은 새로운 생각의 '**디딤돌을 마련**(scaffold)'하는 것이다. 즉, 아동이 자신들의 생각을 과학적 견해로 발전시킬 수 있도록 도와주기 위해 적절한 시기에, 적절한 방법으로 새로운 생각을 도입하는 것이다. 디딤돌을 마련하는 데 있어 교사는 아동이 아직 '자기 자신의 것'으로 만들지 못한 생각을 사용하도록 아동을 뒷받침하는 역할을 한다. 이에 대한 좋은 예는 그림 5-10에 제시되어 있다. 교사는 7~8세 아동에게 빛의 반사를 이해시키기 위해 축구공을 사용했다. 아동은 스스로 빛의 반사와 축구공을 연관시킨 것은 아니지만 아동은 그것으로부터 학습할 수 있었다. 또한 색주사위(unifix cubes)[5]에 있는 구멍을 사용하여 관찰하면서, 축구공에서 얻은 생각을 거울에 적용했다. 다른 책에서 나는 '디딤돌 마련하기'를 아이들에게 새 옷을 입히는 것으로 비유했다(Harlen, 2002a). 자라나는 아이들을 위한 새 옷은 항상 조금 크지만 너무 크지 않은 것을 택하기 때문에 그 비유는 매우 적절하다.

---

5) **역자 주**: 보통 10가지 색을 칠한 정육면체 모양의 동일한 주사위들로 구성되어 있고, 무늬나 수와 같은 수학 개념을 학습하는 보조 도구로 사용된다. 보통 면 가운데에 구멍이 뚫려있다.

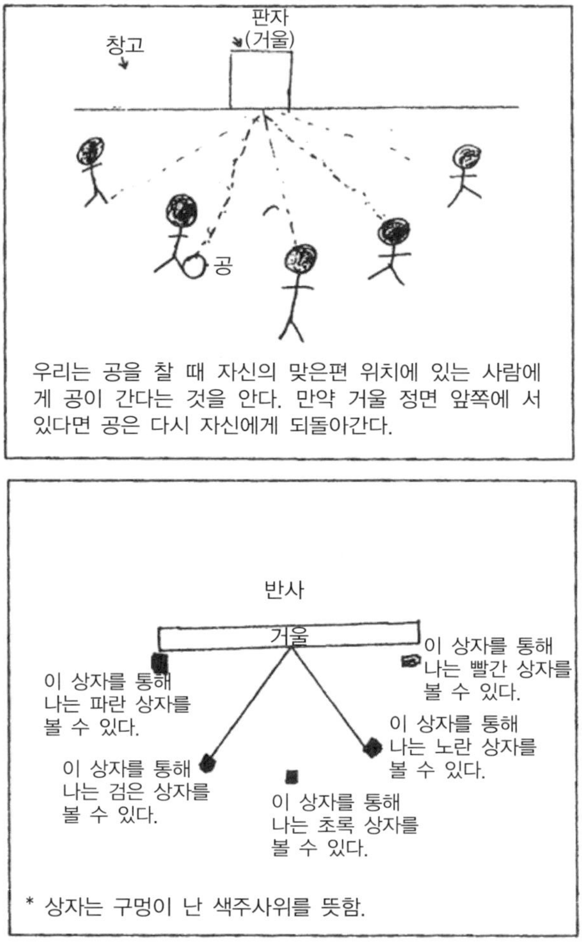

그림 5-10. 빛의 반사에 대한 디딤돌 마련하기(ASE, 1998b)

아동 참여시키기

아무리 많은 도움을 준다고 할지라도, 누구도 아동을 대신해 학습할 수는 없다. 자신이 무엇을 위해 노력하고 있고 어떻게 자기 자신의 발전을 판단할 수 있는지는 본인 스스로 알고 있어야 한다. 교사는 다양한 방법으로 학습 목표를 아동과 함께 공유할 수 있다(9장 참고). 교사는 또한 아동이 자신의 생각이 어떻게 변하고, 무엇이 변화를 가져왔는지 깨닫도록 도울 수 있다. 아동이 무엇을, 왜 배우고 있는지 토론하는 것은 아동이 자기 주도적인 평생 학습자가 되도록 돕는 방법의 하나다. 그때 우리는 '아동의 생각을 진지하게 다루는' 것이 무엇을 뜻하는지에 대해 좀더 세련된 견해를 가지게 될 것이다. 즉, 배우고 있는 것에 대한 아동의 생각을 진지하게 다루는 것뿐만 아니라 자신의 학습 과정에 대한 아동의 생각도 진지하게 다루는 것을 의미한다.

내용 간추림

아동은 새로운 생각을 배우기 위해 텅 빈 마음으로 수업에 오는 것이 아니라 새롭게 공부할 내용에 대한 자기 자신의 생각을 이미 가지고 있다. 아동의 기존 생각은 '과학적' 생각과는 다를 가능성이 많고, 자신이 수행하는 활동의 의미를 이해하는 데에도 크게 영향을 줄 것이다. 교사가 아동의 기존 생각을 알아내려고 노력하지 않고, 아동이 자기 자신의 생각을 재고하고, 자기 자신의 생각뿐만 아니라 새로운 생각을 시험해 보도록 도와주는 사려 깊은 조처를 취하지 않는다면, 이들의 비과학적인 생각은 계속 지속되기 쉽고 과학적인 생각을 받아들이기 쉽지 않다.

이 장은 생물, 전기회로, 빛, 소리, 뜨는 것과 가라앉는 것에 대한 아동의 생각에 대한 몇 가지 사례를 제시했다. 그리고 아동이 이러한 생각을 지니는 몇 가지 이유가 논의되었다. 이들 이유는 제한된 경험에 바탕을 두거나, 지각에 의해 영향을 받거나, 어떤 관련된 특징들을 무시하거나, 특정한 상황에 국한된 추론이나 잘못된 추론에서 초래된다. 또한, 교사가 그 낱말을 과학적 의미로 사용하지만 학생은 종종 '일상적'인 의미로 생각할 때 일어나는 의사소통의 문제에서 나온 결과일 수도 있다. 아동의 생각을 바꿔야 하는 몇 가지 이유가 제시되었다. 아동의 생각을 바꾸기 위한 방법은 다음과 같이 요약될 수 있다.

아동의 과학적인 생각을 발달시키도록 돕기 위한 제안

1. 현상이나 상황에 대해 아동이 이미 가지고 있는 생각을 알아본다. 아동은 어떤 일이 무엇 때문에 일어난다고 생각하는가? 그것을 서술하거나 설명

하기 위해서 아동은 어떤 낱말을 사용하는가?

2. 아동의 생각을 진지하게 다룬다. 아동에게 스스로 물체나 상황을 탐구하도록 하고 그 과정에서 자신의 생각을 시험해 볼 기회를 제공한다.
3. 토론을 통해 자기 자신의 생각에 대한 증거를 찾도록 아동을 자극한다.
4. 전체 학급 토론을 통해 동일한 사물에 대한 서로 다른 생각이 수집될 수 있도록 한다.
5. 아동이 자기 자신의 생각과 다른 생각을 인식하고 시험해 볼 수 있도록 한다.
6. 아동에게 시험해 볼 수 있는 과학적 견해를 제공한다. 과학적 견해를 '옳다'고 가르치기보다 아동 스스로 그 가치를 탐색할 수 있도록 한다.
7. 다른 문제를 해결하거나 새로운 경험을 이해하려고 시도하는 데 있어, 새로운 생각이나 변화된 생각을 사용하도록 도전 기회를 제공한다. 그런 다음 자기 자신의 예전 생각을 검토하고 변화를 깨닫게 한다.

Chapter 6

아동이 탐구를 계획하고 해석하도록 도와주기

탐구(investigation)[6]는 서로 다른 상황에서 서로 다른 종류의 활동을 뜻하는 말이다. 탐정은 범죄를 수사하고, 역사학자는 오래전 과거에 일어났던 사건을 조사하며, 과학자는 자신이 만들거나 관찰한 변화의 결과를 탐구한다. 아동은 자신의 주변에서 발견한 사물을 탐구한다. 이들의 공통점은 모두 자세한 조사(examination)와 체계적인 질문(inquiry)에 의한 관찰이나 연구를 포함한다는 것이다(Webster의 대학 사전 10판). 아동이 과학을 학습하는 상황에서 우리는 탐구 활동을 '**직접 해보기**(hands-on)' 활동과 관련짓지만, 어떤 탐구는 물체의 실제적인 조작을 포함하지 않고, 2차 자료에서 찾은 증거를 사용할 수 있다는 것을 인식하는 것도 중요하다. 예를 들어, 인터넷과 CD-ROM에서 시각적이고, 쉽게 접근 가능한 정보를 이용해 아동은 자신의 질문을 탐구하고 생각을 검사할 수 있다. 어떤 동물은 눈이 머리 앞 쪽에 달려 있는데, 다른 동물은 눈이 왜 옆쪽에 있는지 답하기 위해, 2차 자료를 이용하여 9세 아동의 수업을 진행하는 것은 한 가지 좋은 예이다. 그렇지만, 모든 탐구는 증거를 수집하고, 사용하는 것을 포함한다. 다시 말해 '**마음을 쓰는**(minds-on)' 활동이다.

---

6) **역자 주**: investigation은 조사하여 알아보는 활동을 지칭하며, 문맥에 따라 inquiry와 같은 의미로 '탐구'라고 번역했다. inquiry는 유사한 의미를 갖지만 질문한다는 의미가 좀더 강하게 풍기는 낱말이다.

탐구의 종류

우리는 이 장에서 아동의 실제적이고, 직접적인 탐구에 주로 관심을 갖는다. 그러나 실제적인 탐구라도 유형이 모두 같지 않기 때문에 그 차이를 인식하고 아동이 모든 종류의 경험을 확실히 갖도록 하는 것이 중요하다. 왜냐하면, 서로 다른 과정 기능을 강조하기 때문이다. 서로 다른 유형의 탐구는 서로 다른 질문에 대한 답을 제공한다. 3장에서 서술했던 것처럼, 중요한 질문 유형은 다음과 같다.

"~할 때, 어떤 일이 일어날까?"와 같은 질문은 사물을 변화시키지 않고 그에 대한 정보를 수집하고 사용한다.
"만일 ~라면, 어떤 일이 일어날까?"와 같은 질문은 만일 어떤 것을 변화시킨다면 어떤 일이 일어날지에 대한 정보를 수집하고 사용한다.
"~일까 아닐까?"와 같은 질문은 관계와 규칙성(pattern)을 확인하는 정보를 수집하고 사용한다.
"어떻게 ~을 할 수 있을까?"와 같은 질문은 문제를 해결하려고 한다.

정보를 찾기 위한 탐구

이 유형은 아동이 주로 어떤 일이 일어나는지 관찰하면서 답을 찾아내는 탐구이다. 예를 들어, 알이 부화할 때, 물이 얼 때, 색이 든 얼음을 투명한 물에 넣을 때, 누에가 실을 자아내어 고치를 만들 때, 또는 거미가 거미집을 만들 때 어떤 일이 일어나는지 알아보는 탐구 활동이다. 정보를 찾는 탐구는 대개 **자연적으로 일어나는 사건**에 관한 것으로 사물을 변화시키거나 비교하려고 시도하지 않아도 된다. 이와 같은 탐구는 아동의 경험을 확장시키고, 초등학교 수준의 단계에서 적절하지만, 특히 매우 어린 아동에게 적합하다. 고학년 아동의 경우에는 어떤 탐구 활동을 하기 위해 첫 번째 단계에서 이용할 수 있는 탐구 유형이다. 이러한 유형의 탐구는 아동에게 완벽한 계획을 요구하지 않기 때문에 교사는 단지 어떤 주의를 집중시키는 질문만 하면 된다.

행동을 시험하기 위한 탐구

이 유형의 탐구는 아동이 현상의 변화를 알아보기 위해 **어떤 행동을 하는 것을**

포함한다. 씨앗이 싹이 트는지 알아보기 위해 축축한 솜 속에 씨앗을 넣어 보는 것, 야생 귀리 씨앗에 물을 뿌리는 것, 촛불 근처에 자석을 가까이 가져가는 것과 같이 매우 단순한 행동일 수 있다. 비슷한 활동이 3장에 있는 행동 질문에서 제시되었다. 좀더 복잡한 행동은 여러 물질에 같은 변화를 줬을 때 그 효과를 비교하는 것이다. 예를 들어 물질의 강도, 물의 흡수 정도, 불연성이나 그 밖의 다른 성질을 시험해 볼 수 있다. 이러한 경우 관찰 결과가 다른 외부적 요인이나 우연에 의해 발생한 것이 아니라, 실제로 이루어진 변화의 결과라는 것을 확실하게 하기 위한 조처를 취하는 것이 필요하다. 이러한 종류의 탐구를 계획하고 해석하기 위해서 해야 할 일은 나중에 논의할 것이다.

규칙성을 찾기 위한 탐구

이 유형은 앞의 두 탐구 유형 중 하나를 확장하는 것일 수 있다. 예를 들어, 정보를 찾는 질문의 경우 날씨와 같은 자연 사건에서 규칙성(예 '한밤중의 붉은 하늘은 양치기의 기쁨이고, 아침의 붉은 하늘은 양치기의 걱정이다')을 찾아보도록 할 수 있다. 또한 행동을 시험하는 질문도 규칙성을 찾도록 이끌 수 있다. 물의 양이 각각 다르게 들어있는 병의 입구를 입으로 불 때 생기는 소리에서 또는 서로 다른 각도로 세워 놓은 비탈면을 따라 장난감 트럭이 굴러갈 때 이동한 거리에서 규칙성을 찾게 할 수 있다. 이와 같은 탐구에서는 확인된 규칙성이 정말로 증거에 의해 지지되는지 점검하고, 발견된 **규칙성**을 해석하는 일을 더 강조해야 한다. 해석은 두 변인 사이에 발견된 어떤 관계의 의미를 고찰하는 것을 포함할 수 있다. 하지만 두 변인 사이의 관계가 반드시 직접적인 인과관계를 가질 필요는 없다. 예를 들어, 태엽 감개가 많이 감길수록 태엽 장난감 자동차가 더 멀리 이동한다는 것을 알았을 때, 직접적인 원인은 태엽 감개가 아니라 태엽 감개를 감을 때 용수철의 일종인 태엽에 저장된 에너지다.

방법을 찾기 위한 탐구

이런 유형의 탐구는 최종 산물을 얻기 위한 문제 해결 방법에 관심을 갖는다. 이 유형의 탐구는 과학과 기술 사이의 경계 상에 있다. 예를 들어 무너지지 않는

다리나 높은 탑과 같이 어떤 것을 만드는 일과 관련된 문제이다. 또 다른 경우는 식물을 옆으로 자라게 하거나(3장의 문제 제기 질문 참고), 정확히 일 초에 한 번씩 흔들리는 진자와 같은 사례처럼, 기술적인 문제를 해결하기 위해 어떤 일이 일어나도록 만든 것이다. 이러한 문제들은 물질, 힘, 생물에 대한 과학적인 지식을 적용하도록 요구한다. 때문에 이와 같은 탐구는 다른 유형의 탐구에 대한 경험을 바탕으로 이루어져야 한다.

탐구를 계획하기

우리는 이제 아동이 탐구를 계획하고 자신이 알아낸 정보를 해석하는 능력을 발달시킬 수 있는 방법을 살펴보려고 한다. 아동의 과학적 활동은 자신의 관찰과 탐구를 통해 주변 사물의 이해를 도와주는 과학적 생각을 발달시킨다. 먼저 적절하고 믿을 만한 증거를 얻기 위해, 계획할 때 무엇을 포함해야 하는지 고찰할 것이다. 그 후 우리는 획득한 증거를 해석하는 방법에 대해 논의할 것이다. 탐구를 계획하기에는 무엇이 포함돼야 하는가?

여기 10~11세 아동들이 작성한 계획이 있다. 생물의 성장에 관한 수업을 하는 동안 아동들은 모둠 활동을 통해 자신의 신체 중 어느 부분이 가장 빨리 자라는지 토의하고 있었고, 교사는 아동에게 손톱이 발톱보다 더 빨리 자라는지 알아보기 위해서는 어떤 검사를 해야 하는지 적어보라고 했다. 다음의 인용문은 아동들이 완성한 글을 그대로 옮긴 것이다.

보람: 나는 손톱과 발톱을 자른 후 둘 중 어떤 게 빨리 자라나는지 볼 거야. 이게 내가 하려는 방법이야.

나리: 일주일 동안 손톱과 발톱을 계속 검사하고 막대그래프에 자신의 모든 정보를 기록하면 주말에 어느 것이 빨리 자랐는지 볼 수 있을 거야.

연이: 나는 손톱과 발톱을 자르고, 1주나 2주 동안 얼마나 자랐는지 볼 거야. 만약 발톱이 더 길면, 발톱이 더 빨리 자란다는 것이지.

요한: 난 어느 것이 더 빨리 자랐는지 알아보기 위해 매일 측정할 거야.

가람: 처음에 나는 손톱과 발톱의 길이를 측정하고, 2주 후에 다시 한 번 길이를 측정할 거야. 그러고 나서 나중에 측정한 것에서 처음 측정한 것을 빼면 어떤 게 보다 빨리 자랐는지 알 수 있을 거야.

물론 이러한 계획은 자신의 생각을 글로 나타내는 아동의 표현 능력에 영향을 받기 때문에 완전한 것은 아니다. 글보다는 말로 하는 토론에서는 아동이 뜻하는 바를 훨씬 더 정확하게 설명할 수 있을 것이다. 일단 아동의 생각을 있는 그대로 받아들이고, 각각의 진술이 계획의 중요한 요소를 어느 정도 포함하는지 알아보는 것은 흥미로운 일이다.

처음 이 글을 읽을 때는 아동 5명 모두 그럴 듯하게 문제에 접근한 것처럼 보인다. 5명 모두 성장 속도를 비교하는 것으로 이 문제를 인식하고 측정을 언급한 것처럼 보이지만, 사실은 요한이와 가람이만 측정에 관해 언급했다. 보람이는 무엇을 측정해야 하는지 전혀 언급하지 않았고 단지 "어느 것이 더 빨리 자라는지 알아내라"는 말을 "어느 것이 가장 빨리 자라는지 볼 거야"라는 말로 바꿨을 뿐이다. 하지만 보람이가 '가장 빨리 자란 것'을 실제로 어떻게 측정하는지 알 수 없기 때문에 아동의 글만 보고 판단할 수는 없다.

나리는 한 주 동안 손톱과 발톱을 '계속 검사'한다고 말했지만, 그 둘을 동시에 '검사'한다고 진술하지 않았다. 나리가 생각한 방법을 비교해보기 위해서는 동시에 검사하는 일이 매우 중요하다. 나리와 요한이는 하루 동안의 변화를 거의 측정할 수 없다는 것을 자신의 경험을 통해 알고 있을지 모르지만, 변화가 있는지 매일 관찰한다고 진술했다(보람이는 기간을 제시하지 않았다). 그렇지만 두 아동이 매일 규칙적으로 측정한다면 연이와 같은 실수는 피할 수 있다. 연이는 처음에 사물을 비교하지 않고 마지막에만 비교한다는 잘못된 판단을 내렸다. 연이와 가람이는 2주라는 기간을 제시했는데, 이는 일상 지식을 이 문제에 적용했다는 것을 보여준다.

이 문제에는 손톱이나 발톱의 성장에 대한 통제가 없다. 정보를 찾는 탐구지만, 측정이나 비교가 이루어질 수 있도록 변인이 통제돼야 하는 탐구다.

아동은 문제에 답하기 위해 자신이 얻은 결과를 어떻게 사용하는가? 가람이는 한 측정값에서 다른 측정값을 빼야 한다고 언급했다. 연이 또한 자신이 얻은 결과(손톱이나 발톱이 처음에 같은 길이인 경우에만 타당한 결과이겠지만)로 어떻게 결론을 내야하는지 언급했다. 다른 아동은 이러한 사항을 거의 언급하지 않았다. 막대그래프를 그린다는 나리의 제안은 (구체적으로 무엇을 그래프로 나타낼 것인지 언급하지 않아) 마치 마술 지팡이처럼 보인다.

계획하기에는 어떤 아동도 언급하지 않은 중요한 요소가 있다. 보통은 아동의 계획하기에서 거의 찾아보기 힘들다. 아무도 자신이 사용해야 할 도구를 제안하지 않았다는 점이다. 변화가 작은 손톱이나 발톱의 길이를 측정하려면 자를 사용하는 것으로 충분한가? 이 점을 생각해 보았다면 직접 측정한다는 생각을 버렸을지도 모른다. 그 대신 아마 종잇조각을 손톱과 발톱의 길이에 맞춰 자른 다음 서로 비교했을 것이다. 또한 제시된 어떤 계획에서도 결과를 다시 한 번 확인하기 위해 다른 발톱과 손톱을 측정해 볼 것을 제안하지 않았다. 아동들은 단 한 번의 측정만으로 손톱과 발톱에 대한 일반적인 결론을 내릴 뿐이었다.

위의 예문을 통해서도 알 수 있듯이, 매우 간단한 문제를 다루는데도 생각할 것이 많고 재미있는 요소가 많다. 과학교육의 중요한 목표 중의 하나는 이러한 과학적 사고를 가지고 아동이 문제에 접근하도록 도와주는 것이다. 탐구를 계획하고 실행하는 일은 서로 밀접하게 조정되어야 한다. 계획하기는 종종 탐구가 시작된 후에 일어나거나, 그 후에도 계속되기 때문에 계획하기를 별도로 고려할 때에도 우리는 그것을 별도의 활동으로 구분하지 않는다. 그러나 지금까지 계획하기를 소홀히 생각해 왔다면 그 자체만으로도 다시 한 번 생각해 볼 가치가 있다.

계획하기에 필요한 기능

계획하기는 문제를 제기하거나 확인하는 것, 그리고 대답하는 것 사이에 있는 여러 단계에 관한 것이다. 계획하기에서는 이들 단계를 실제로 수행하기보다는 수행에 대해 생각하며, 결정하는 단계다. 그렇지만 그것이 실제로 수행되어야 한다는 사실이 계획하기 과정에서 매우 중요하다.

그래서 우리는 질문에서 시작하지만, 그 질문은 탐구할 수 있는 형태로 표현될 수도 있고 그렇지 않을 수도 있다. 만일 질문이 탐구할 수 있는 형태가 아니면, 첫 번째 단계는 탐구할 수 있는 질문으로 바꾸는 것이다. 이런 질문은 대상을 비교하거나 변화시킬 수 있는 것, 그리고 결과를 통해 답을 찾을 수 있는 것이다. 몇 개의 탐구 가능한 질문이 처음에는 일반적인 질문에서부터 나온다. 예를 들어, 어떤 아동이 손수건을 염색하려고 할 때 다음과 같은 질문을 던질 수 있다. "어떻게 하면 염색을 잘할 수 있을까?" 이는 탐구 가능한 형태의 질문이라고 할 수 없다. 아동의 관심이 미술에서 과학으로 바뀔 때, 아동은 이 질문이 무엇을 뜻하는지 수집될 증거를 바탕으로 생각해야 한다. 이 질문에서 탐구 가능한 질문의 일부는 다음과 같다.

물감의 농도가 색깔에 어떤 차이를 만드는가?

재료를 물감 속에 넣어둔 시간이 색깔에 어떤 차이를 만드는가?

재료의 종류가 색깔에 어떤 차이를 만드는가?

위의 질문 중 하나를 탐구하는 것이 적절하다. 그리고 탐구 활동에서는 한 번에 하나씩 질문을 생각하는 것이 좋다. 질문이 선택되면 다음 단계는 변화시킬 조건(독립변인)이나, 똑같게 유지하는 조건(통제변인), 그리고 주어진 현상에서 살펴볼 결과나 효과(종속변인)를 확인하는 것이다. 그런 다음, 질문에 답하기 위해 탐구에서 얻은 결과를 사용하는 방법에 대해 생각해 보아야 한다.

이러한 과정이 이론적으로 들릴지 모르지만, 다음과 같은 사례에서 볼 수 있듯이 우리가 어떤 것을 '**공정하게 검사**'할 때 사용되는 익숙한 과정이다. 그 과정의 각 단계는 반드시 정해진 순서대로 실행될 필요는 없다. 순서는 문제의 유형에 따라 달라진다. 염색에 대한 문제는 "만일 ~라면, 어떤 일이 일어날까?"라는 질문으로 연결된다. 물감의 농도가 색깔에 어떤 영향을 주는지 알아보기 위한 계획하기 단계는 다음과 같다.

일반적인 질문	염색할 때 어떻게 하면 최상의 결과를 얻을 수 있는가?
탐구 가능한 질문	물감의 농도를 변화시키면 색깔에 어떤 변화가 있는가?
탐구에서 무엇을 변화시켜야 하는가? (독립변인)	녹인 물감의 양
무엇을 똑같게 유지해야 하는가? (통제변인)	물의 양, 온도, 재료의 종류, 염색 시간 및 그 밖에 결과에 영향을 줄 수 있는 요소들

어떤 종류의 효과가 관찰돼야 하는가? (종속변인)	색깔
질문에 답하기 위해 그 결과를 어떻게 사용할까?	만일 차이가 있다면, 어떤 요인이 색깔을 진하게 또는 연하게 만들었는지 말할 수 있다. 만일 차이가 없다면, 농도는 색깔의 변화에 영향을 미치지 못한다는 것을 알 수 있다.

지금까지의 계획하기는 일반적인 방안이나 원리의 수준에서 이루어졌다. 얼마나 많은 다른 농도의 물감을 사용할지, 다른 변인을 어떻게 통제할지, 그리고 색깔의 진하기(종속변인)를 어떻게 확인할지 결정하지 않았다. 이러한 계획은 아직 탐구 수행에서 구체적으로 무엇을 해야 하는지 보여 주지 못한다. 다시 말해, 아직 **조작적**(operationalized)으로 정의되지 못했다는 것이다.

따라서 구체적으로 무엇을 할 수 있는지 실제적인 제한 사항을 고려해야 한다. 왜냐하면 이러한 사실을 무시하고 준비한 계획은 소용없기 때문이다. 예를 들어, 초등학교와 중학교에서 이용할 수 없는 분광기나 고속 촬영기를 사용하려는 계획은 실현 불가능하다. 그래서 각 단계는 다음과 같이 실제적인 행동으로 바뀌어야 한다.

계획하기 단계	일반적 계획(조작적으로 정의되지 못한 것)	구체적 계획 (조작적으로 정의된 것)
무엇을 변화시켜야 하는가?	녹인 물감의 양	적어도 물감의 양을 세 가지 이상 다르게 한다. 실험은 네 번 정도 해 본다. (충분한 물감을 가지고 있는가?)
무엇을 똑같게 유지해야 하는가?	물의 양	양을 측정하거나 어떤 다른 방법을 이용해 물의 양을 똑같게 유지한다.
	온도	온도계를 사용하거나 손으로 판단한다.
	재료의 종류	같은 재료에서 자른 조각인지 확인한다.
	염색 시간	시계를 사용하거나 천 조각을 동시에 물들인다.
색깔의 차이는 어떻게 관찰할까?	동일한 재료의 서로 다른 조각을 비교한다.	별다른 차이가 없다면 몇 사람에게 판단하도록 하여 연한 것에서부터 진한 순서로 나열한다.

보통 일반적 계획을 구체적인 실행(operation)이 가능하도록 바꾸는 몇 가지 방법이 있다. 계획하기 기능 중 하나는 장애 요소를 극복하고 즉각적으로 대처하는 것이다. 예를 들어 염색하기 사례에서 온도계가 부족한 것이 문제가 될 수 있다. 이럴 경우 한 그릇에 모든 물감을 풀고, 모든 천 조각을 동시에 염색하여 해결한다. 하지만 분명히 도구와 방법적인 면에서 단점이 있기 때문에 이에 대한 찬반양론은 교실에 따라 달라질 수 있다.

실제적인 세부사항 때문에 문제를 혼동할 수 있는 가능성이 있다. 여기서 교사의 중요한 역할은 이러한 혼동이 일어나지 않도록 하는 것이다. 문제와 관계없이 계획하기의 여러 단계가 비슷하다는 점을 깨닫게 하는 것은 이러한 혼동을 피하는 데 도움이 되며 교사가 해야 할 매우 중요한 역할이다. 일반적 계획은 계획하기에 있어 유용한 첫 번째 단계이고, 두 번째 단계는 일반적 계획을 실행 가능한 일련의 행동으로 바꾸는 것이다.

용수철에 매달린 장난감 오리가 상하로 흔들리는 속도에 관한 질문을 생각해 보자. 일반적 계획하기는 그렇게 어렵지 않다. 그림 6-1과 같은 질문과 관련된 몇 가지 탐구 가능한 질문 중 하나만 다시 생각해 보자.

계획하기의 두 번째 단계에서는 실행 가능한 것을 고려해야 할 것이다. 서로 다른 추는 몇 개를 달아야 할까? 꼭 장난감 오리를 사용해야 할까? 물감의 경우에는 최소한 세 가지 이상 변화를 주었다. 규칙성이나 관계를 알아내려면, 이상적으로는 독립변인(용수철에 매단 추)에 4~5개의 다른 값이 필요하다. 용수철의 종류나 길이가 같아야 한다면, 똑같은 용수철을 몇 개나 사용해야

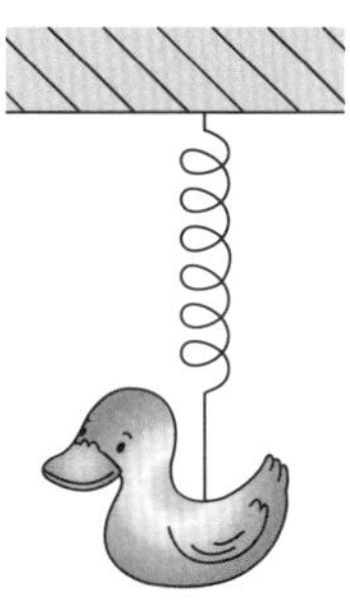

질문	오리의 무게가 어떤 차이를 만드는가?
무엇을 변화시키는가?	용수철에 매단 추(오리)의 무게
무엇을 똑같게 하는가?	용수철의 종류와 그 길이
무엇을 관찰하는가?	오리가 얼마나 빨리 상하로 움직이는지 관찰한다.
그 결과는 무엇을 의미하는가?	'흔들리는' 속도에 차이가 있다면, 용수철에 매단 추가 차이를 만든 것이다. 차이가 없다면 추의 무게는 차이를 만들지 않는다.

그림 6-1.

할까? 똑같은 용수철이 하나도 없다면, 하나의 용수철로 계속해서 실험해야 한다. 이것은 "추가 얼마나 빨리 상하로 흔들리는지 어떻게 측정하고 비교해야 하는가?"라는 질문의 답과 관련이 있다. 용수철이 하나만 있다면 직접적인 비교는 불가능하고, 시간을 측정하는 어떤 장치가 필요하다. 제대로 된 시간 측정 장치가 없다면, 사람의 맥박이나 시계를 사용하는 것과 같은 기발한 방법이 필요하다. 그렇지만 여전히 시간을 어떻게 측정할 것인지의 문제가 남아 있다. 이에 대한 아동의 제안은 다음과 같다.

"20번 상하로 흔들거리는 데 걸리는 시간을 잰다."
"1분 동안 상하로 몇 번 움직였는지 세어본다."
"상하로 흔들거린 용수철이 멈추는 데 걸리는 시간을 잰다."
"한 번 상하로 흔들거리는 데 걸리는 시간을 잰다."

위의 제안 모두 토론할 가치가 있으며 토론을 통해 한 가지 이상 제거될 수 있다. 그렇지만 어떤 방법이 더 나은 방법이라는 충분한 증거가 없다면, 다른 방법을 시도해 봐야 한다. 그러한 경험은 앞으로의 탐구를 계획하는 것뿐만 아니라 개념을 적용하는 데 있어서도 가치가 있다. 흔들리는 속도(rate)를 흔들림이 지속되는 시간으로 측정하는 아동은 속도와 시간이라는 두 가지 서로 다른 개념을 잘 구별하지 못한 것이다. 실제적인 경험은 아동에게 속도와 시간을 구별할 수 있는 기회를 줄 수 있다. 이러한 기회는 학생 스스로 계획하기 활동에 참여할 때만 올 수 있다는 점에 주목해야 한다. 단지 "20번 상하로 흔들리는 데 걸리는 시간을 재라"는 다른 사람의 지시를 따르는 경우에는 그런 기회가 오지 않는다. 이 점에 대해서는 나중에 또 추가적으로 언급할 것이다.

지금까지 우리는 독립변인이 변화될 수 있는 행동을 시험하기 위한 탐구를 살펴보았다. 그러나 "달의 위상이 날씨에 영향을 주는가?", "수선화가 일찍 핀다면, 모든 봄꽃도 또한 일찍 필까?", "나무의 위쪽에 있는 목재와 아래쪽에 있는 목재는 같을까?"와 같은 질문의 탐구는 어떤가? 이러한 경우에 달이나 수선화, 목재는 우리가 직접 조작할 수가 없다. 그런 의미에서 물감의 농도를 변화시키는 방법과 대조된다. 하지만 이러한 문제도 탐구 가능한 질문이 될 수 있으며 공정하게 검사될 수 있다. 문제의 특성 때문에 계획하기 단계는 앞의 경우와 조금 다르다.

목재에 관한 문제를 살펴보자. 다음은 한 학교에서 아이들이 운동장에 베어 놓은 나무를 보고 실제로 탐구했던 것이다. 아이들은 나무 베는 일에 관심을 보였고, 목재가 어떤 용도로 사용되는지 토의하기 시작했다. 어떤 아동은 "나무 아랫부분의 목재가 윗부분보다 더 단단하기 때문에" 나무 베는 일은 어떤 부분을 사용하는지에 달려 있다고 말했다. 아이들은 "나무의 아랫부분은 모든 무게를 지탱해야 하고, 윗부분의 목재는 오래된 것이 아니기 때문"에 밑쪽의 목재가 더 단단하다고 생각했다. 그러나 모든 아동이 나무의 윗부분과 아랫부분이 차이가 있다는 주장을 받아들인 것은 아니다. 아이들은 이 문제에 대한 답을 알아내기 위해 주의 깊게 탐구를 계획해야 했다. 목재의 표본을 톱으로 잘라내고, 자신들이 조사하고 싶은 내용을 결정해야 했기 때문이다. 계획하기의 단계는 다음과 같았다.

일반적인 질문	나무줄기의 서로 다른 부분은 재질이 같은가?
탐구 가능한 질문	밑부분의 목재는 윗부분보다 단단한가?
무엇을 살펴볼까? (종속변인)	나무토막(목재)의 단단함
살펴본 것 중에서 차이가 나는 것은 무엇인가? (독립변인)	나무줄기에서 나무토막을 잘라낸 위치
무엇이 똑같아야 하는가? (통제변인)	나무토막의 나뭇결 방향, 나무의 겉껍질과 중심부에 대한 목재 표본의 상대적 위치 등
질문에 답하기 위해 그 결과를 어떻게 사용할 것인가?	밑부분에서 나온 나무토막이 윗부분보다 단단한지 알아보기 위해 두 나무토막의 실험 결과를 비교해야 한다.

이런 종류의 탐구에서 가장 어려운 점은 관찰이나 비교를 하는 데 있다. 탐구 문제가 밑부분과 윗부분의 목재에 대한 것이므로, 독립변인에 대한 어려운 결정은 없다. 그러나 통제될 변인에 대해서는 논쟁의 여지가 있을 것이다. 아동은 어떤 특징이 목재의 단단함에 영향을 주는지 알지 못하기 때문이다. 실제로 어떤 아동이 검사가 공정하려면 나무토막이 같은 두께여야 한다고 언급했다. 이 아동은 '단단하다'는 말이 의미하는 것을 ('세기'로 오해하여) 잘못 이해한 것으로 보였다. 그러나 이 문제는 아동이 어떻게 단단한 정

도를 비교하는지 토의할 때까지 제안된 통제변인으로 남겨두었다.

(교실에 있는 교사용 도서와 학생용 도서에서) 단단한 정도를 비교하기 위한 방안을 찾는 것은 어렵지 않았다. 문제는 탐구를 하기 위한 최선의 검사를 선택하는 데 있었다. 작업하는 사람이 나무에서 목재 표본을 톱으로 잘라내는 것을 기다리는 동안, 교사는 아동이 다른 목재 조각에 몇 가지 방법을 시도해 보도록 제안했다. 아이들은 망치와 못을 이용해 관찰 활동을 시도했지만, 망치질하는 사람에 따라 결과가 달라진다는 것을 발견했다. (아이들은 결국 높은 곳에서 날카로운 송곳을 바닥에 있는 나무토막에 떨어뜨리기로 했다.) 송곳이 나무토막 위로 떨어지도록 하기 위해 나무토막을 올바른 위치에 놓는 것은 어려운 일이었지만, 결국 추를 달아 늘어뜨리는 방법으로 (수직을 살펴보기 위한 다림줄로) 해결했다(그리고 아동은 교실에 있는 여러 물건이 정말 수직하는지 살펴보는 일에 상당한 관심을 보였다). 수업 시간에는 나무토막 둘레에 두꺼운 골판지 칸막이를 세워서 안전 요인을 고려했다. 아이들은 송곳이 관통한 깊이가 목재의 단단한 정도를 나타내는 척도라는 데 합의했다. 나무토막의 두께가 같아야 한다고 말했던 아동은 송곳이 들어간 깊이를 측정하면서 두께가 상관없다는 것을 깨달았지만, “너무 높은 곳에서 떨어뜨리면 송곳이 충분히 들어갈 수 없기 때문에 상관있다.”라는 말을 덧붙였다.

지금까지 이 탐구의 계획하기(그리고 수행) 과정은 대부분 무엇을 비교하고 측정하는지, 그리고 그것을 실제로 어떻게 수행해야 하는지 정의하는 것으로 이루어졌다. 계획하기 활동 자체는 실제적인 탐구를 포함하고 있기 때문에 질문에 대한 매우 만족스러운 검사로 귀결된다. 만일 탐구를 주의 깊게 계획하지 않았다면, 결론을 낼 수 없는 많은 시행착오를 경험했을 것이다. 그럴 경우 자칫하면 의욕이 감소해서 탐구를 통해 아무 것도 배우지 못할 것이다.

위의 경우 주의 깊은 계획하기를 통해 확실한 성과를 거두었다. 일반적 계획은 단순하지만, 구체적 계획은 생각과 행동 모두 더 많은 노력을 요구한다. 모든 문제에 다 적용되는 것은 아니지만 때에 따라서는 처음 계획에서 도중에 계획을 수정하는 일도 종종 필요하다. 해보지 않고 미리 계획하기를 할 수 있는 가능성은 ‘**필요한 절차를 철저하게 생각하는**’ 아동의 능력에 영향을 받고, 또한 절차의 복잡성에 달려있는 것처럼 보인다. 매우 어린 아동은 익숙한 활동이 아니면, 철저하게 생각하여 행동할 수 없다. 아동은 직접 경험해봐야 행동과 사고가 함께 이루어진다. 고학년 아동은 간단한 활동을 철저하게 생각할 수 있는 능력을 가지고는 있지만, 생소하거나 일련의 복잡한 행동에 부딪치면, 여전히 '**실제로 경험**'해 봐야 한다.

아동의 경험은 제한적이기 때문에 계획하기와 실행하기는 서로 맞물려야 한다. 만약 교사가 인정할 만한 계획을 아동이 만들 때까지 탐구를 시작할 수 없게 한다면, 지금까지의 이야기를 잘못 이해한 것이다. 아동이 직접 계획을 세우고, 실제로 수행하면서 자신이 처음 시도한 계획의 한계를 찾아가는 과정을 통해 많은 것을 배울 수 있다. 점차 아동은 행동의 결과에 대해 생각하고 더 많은 준비를 하기 때문에 모든 학습이 시행착오를 통해 이루어지지는 않을 것이다.

결과 해석하기

결과를 얻었다고 탐구가 끝나는 것은 아니다. 그러나 결과를 기록하고 그것을 보기 좋게 표로 만드는 과정이 실제로 활동의 끝이 되는 경우가 종종 발생한다. 하지만 여기서 가장 중요한 것은 결과의 의미를 토론할 시간을 남겨두는 것이다. 모든 탐구에서 토론은 탐구가 수행된 방법을 고찰하는 것뿐만 아니라, 처음 질문이나 탐구의 원래 목적으로 돌아가는 것, 그리고 결과를 그 목적과 관련하여 고찰해보는 것을 포함해야 한다. 질문에 대한 답을 얻었거나 문제가 해결되었는가? 탐구 주제를 통해 무엇을 배웠는가? 예를 들어, 경사가 높을수록 장난감 차가 멀리 간다는 사실을 알아내는 것으로 충분하지 않다. 왜 그렇게 되는지 질문해야 된다. 경사와 장난감 자동차의 이동 거리는 어떤 연관이 있는가? 손톱이 발톱보다 빨리 자라는지 아닌지 찾아내는 일은 생물 세포의 성장과 대체에 대한 이해를 발달시키는 데 도움이 되지 않으면 중요하다고 할 수 없다.

규칙성을 찾는 탐구의 경우, 서로 아무런 관련이 없다는 것이 발견되더라도 관찰을 종합하기 위해 결과를 토의하는 것은 특별한 가치가 있다. 예를 들어, "경사의 높이와 장난감 차의 이동 거리에 대해 무엇을 알아냈는가?"라고 질문하면 다음과 같은 답이 나오기 쉽다.

1. 경사면이 높을수록 장난감 차가 멀리 간다.
2. 경사면이 가장 높았을 때 자동차가 가장 멀리 갔다.
3. 높이를 변화시키는 것이 자동차가 굴러간 거리를 변화시켰다.
4. 자동차는 경사면의 가장 높은 곳에서 가장 멀리 이동하고, 가장 낮은 곳에서 가장 짧게 이동한다.

위와 같은 각각의 답을 틀렸다고 할 수는 없지만, 전체적인 결과를 포함하지는 않는다. 토론을 통해 교사는 2번이나 4번을 답으로 말한 아동이 극단적인 결과만을 주목했는지, 또는 여러 높이와 이동 거리 사이에 대응 관계가 있다는 것을 깨달았는지 알아낼 수 있다. 아동은 여러 사람의 의견을 듣고 자신의 답을 다시 고쳐서 1번 답과 같이 모든 결과를 포함하여 말할 수 있을 것이다. 3번 답 또한 두 변인이 어떻게 관련되는지 언급하지 않았다는 점에서 불완전하다. 이러한 토론에 어느 정도의 시간을 소비하는 것은 규칙성이 무엇을 뜻하는지 헤아리도록 아동을 도와줄 수 있다. 언제나 증거에 대한 규칙성 진술(pattern statements)을 점검하는 것은 중요하다. 그렇지만 아동이 1번과 같은 유형의 답과 다른 대답 사이의 차이를 깨닫지 못하더라도 규칙성을 표현하기 위해 특정한 형태의 낱말을 사용하도록 강요하지 않는다.

모든 증거가 규칙적이면 규칙성을 통해 예상할 수 있다. 예를 들면, 어떤 높이의 경사에서 장난감 차가 실제로 얼마나 멀리 이동하는지 예상해 보고, 실제로 예상을 확인해보는 것은 중요하다. 그것을 통해 아동은 포괄적인 진술로 규칙성을 찾아내어 표현하는 일이 중요하다는 것을 깨닫게 된다. 물론, 모든 규칙성이 정확한 것은 아니다. 아동은 규칙성을 확인하는 과정에서 전반적으로는 관계가 있지만 몇몇 예외가 되는 상황도 발견하고 이것을 다룰 수 있게 된다. 예를 들어, 키가 큰 사람이 일반적으로 발이 큰 경향이 있지만 어떤 사람은 자신보다 키가 큰 사람의 발보다 큰 경우도 있다. 때문에 규칙성에 바탕을 둔 예상은 조심스럽게 이루어져야 한다.

또한 어떤 변인이 변함에 따라 다른 변인이 규칙적으로 변해도 두 변인 사이에 인과관계가 있다고 가정하는 것은 피해야 한다. '규칙성을 찾기 위한 탐구'에서 언급했던 것처럼 직접적인 인과관계를 갖고 있는 경우는 드물다. 규칙성은 두 변인이 규칙적으로 변하는 이유를 말해주지 않는다. 또한, 관찰된 것과 관련된 요인이 최소한 하나 이상 존재하는 경우도 흔하다. 때문에 아동이 발견한 규칙성을 토의하는 일은 가치가 있다. 이러한 토론은 한 가지 변화로 인해 다른 변화까지 초래하는 인과적인 경우와 인과적은 아니지만 서로 상관이 있는 경우를 아동이 구별하도록 돕는다.

아동의 계획하기를 도와주는 방법

아동이 자신들의 탐구를 계획하는 일은 많은 장점을 가지고 있다. 탐구를 실행하는 법을 결정하는 데 포함된 사고의 종류와 깊이는 과학적 과정과 개념 모두의 이해를 확장시킨다. 그러한 장점이 살아나려면, 아동이 단지 다른 사람의 계획을 따라 하는 것이 아니라 스스로 계획하기를 해봐야 한다. 교사가 아동에게 계획하기의 경험을 제공하고 아동의 계획하기 기능을 발달시키도록 도와줄 수 있는 세 가지 중요한 방법이 있다.

1. 아동에게 모둠별로 계획을 짜보는 기회를 제공한다.
2. 아동에게 계획하기를 안내해 주는 틀(structure)을 제공한다.
3. 탐구를 한 후에 결과를 토의하고, 또한 원래의 계획과 그것을 어떻게 개선할 수 있는지 토론한다.

기회를 제공하기

아동이 다양한 과학 활동을 접할 수 있도록 균형을 잡아주는 것이 중요하다. 모든 탐구를 아동 스스로 제안하고 계획하는 것이 바람직한 것은 아니다. 계획하는 일은 많은 시간이 필요하기 때문에 아동에게 직접 경험의 기회를 제공하는 경우에 무엇을 해야 하는지 올바르게 안내해야 한다. 만일 활동 카드, 활동지, 또는 책을 통해 안내를 제공한다면, 아동이 자신이 하고 있는 일에 대해 생각하도록 하는 일이 가장 좋은 방법이다. 하지만 이미 절차가 정해진 탐구는 계획하기 기능을 발달시키지 않기 때문에 아동은 최소한 일 년에 5~6번의

자유 탐구(extended investigation)를 계획하고 수행하는 기회를 가져야 한다. 한 가지 계획을 완수하는 데 많은 시간이 걸리더라도 자기 자신만의 탐구는 꼭 필요하다. 이러한 방법을 통해 아동은 새로운 사실을 알아내고, 실제적인 행동을 통해 자신의 생각을 확인하는 일에 만족을 경험할 것이다. 이런 방법으로 아동은 탐구와 학습하는 방법을 배울 수 있다.

아동이 계획하기 경험을 거의 또는 전혀 가지고 있지 않을 때에는 간단한 탐구를 통해 기능을 발달시키는 것이 중요하다. 처음에는 내용과 상황이 아동에게 익숙한 탐구 '**방법**(how)'에 초점을 맞추는 것이 좋다. 이를 위해 교사가 질문을 도입할 수 있지만, 좀더 바람직한 것은 그러한 질문이 아동의 평상시 과학 활동에서 우러나오도록 하는 것이다. 아동이 계획하기 단계를 거치게 하는 출발점으로 사용할 수 있는 몇 가지 아이디어는 다음과 같다.

- 뜨거운 물이 찬물보다 더 빠르게 어는가?
- 도로 표지판의 글자가 검은 바탕에 흰색이나 흰색 바탕에 검은색이라면 더 잘 보일까?
- 보온컵은 정말로 음료를 따뜻하게 유지하는가?
- 어떤 종류의 표면이 부엌 조리대에 가장 좋을까?
- 비닐봉지가 종이봉지보다 더 튼튼한가?
- 쪼개진 얼음조각은 커다란 얼음조각보다 빨리 녹는가, 아니면 천천히 녹는가?
- 물에 담갔던 콩은 담그지 않고 심은 콩보다 더 빨리 싹이 트는가?

틀(structure) 제공하기

계획하기에 대한 아동의 이해와 계획하기 기능은 점진적으로 발달한다. 계획하기는 경험이 쌓일수록 좀더 정교한 활동이 된다. 이 발달 과정에서 교사와 아동은 자신들이 계획하기를 통해 무엇을 만들려고 하는지, 무엇을 생각해야 하는지 명확한 생각을 가지고 있어야 한다. 이 활동의 목표는 아동이 앞에서 제안했던 계획하기 단계를 통해 구체적인 계획을 세울 수 있게 하는 것이다. 5장에서 제안했던 것처럼 교사가 아동의 개념 발달에 디딤돌을 마련해 주는 것과 같이 계획하기 과정의 '디딤돌을 마련'해 줄 수 있다.

디딤돌 마련하기의 가장 유용한 방법은 공정한 검사가 될 수 있는 질문을 던짐으로써 학생 스스로 생각해 볼 수 있도록 계획하기의 틀을 제공하는 것이다. 이것은 다양한 수준에서 다루어질 수 있다. 6~7세의 아동은 실제로 비교나 검사를 통해 간단한 검사의 '**공정성**'에 대해 토론할 수 있다. 이러한 과정에 익숙해지면 아동은 점차 검사를 하기 전에 공정성에 대해 자연스럽게 생각할 수 있게 된다. "이렇게 하면 공정할까? 또는 저렇게 하면 공정할까?" 변인을 토론함으로써 공정성의 개념을 다루는 것은 반복된 탐구 경험에 달려 있기 때문에 급하게 서두를 필요는 없다.

변인이 무엇인지 생각하는 것은 다양한 상황에서 무엇이 변하는지 관찰을 한 후에야 제대로 이루어질 수 있다. 즉, 중요한 변인을 찾지 못한다면, 무엇을 통제해야 하는지 알 수 없다. 그러면 눈에 보이는 모든 요인을 통제하려고 할지 모른다. 중요한 변인을 찾는 능력은 분명 탐구하고 있는 내용에 따라 차이가 생긴다. 간단하고 익숙한 것(예 "어느 공이 가장 높이 튀어 오를까?")이라면, 아동은 상황이 복잡하거나 익숙하지 않은 것(예 "이 용액 중 어느 것이 삼투압이 가장 높을까?")보다 공정한 검사를 고안하기 좀더 쉬울 것이다. 그래서 아동에게 의미 있는 질문이나 문제와 관련하여 계획하기 기능을 발달시키도록 돕는 것이 중요하다. 변인에 대해 생각하기 위한 틀은 여러 가지 방법으로 제공될 수 있다. '과학 5-13 목공 활동 단원(Science 5-13, Working with Wood, 1972)'에 처음 제시된 유용한 제안은 다음과 같다.

> 토론을 한 후, 아동은 자신의 탐구에서 변화시키려고 결정한 요인을 각각 별도의 카드에 작성할 수 있다. 이 카드 모음에서 아동은 탐구하려는 변인을 선택할 수 있다. ... 그리고 그 옆에 일정하게 유지해야 하는 변인을 나타내는 다른 카드를 줄지어 놓는다. ...

그림 6-2에 제시된 것과 같은 실험 계획하기 판을 만드는 것이 추가로 고려될 수 있다.

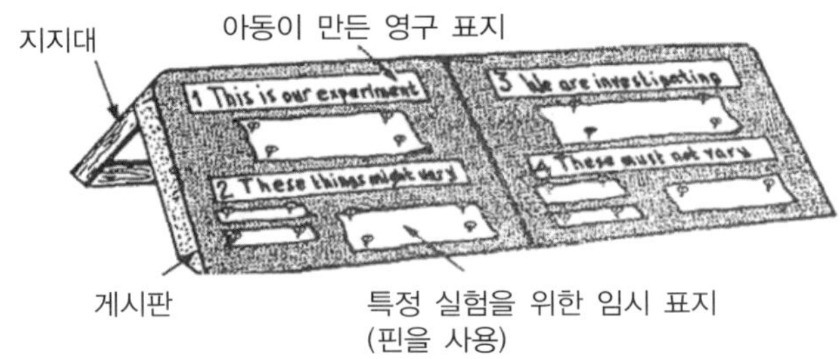

계획하기 판은 '공정한 검사' 유형이라면 어떤 탐구에도 사용될 수 있으며 네 부분으로 구성되어 있다.

1. '우리가 한 실험'이라는 제목 아래에 아동은 자신이 탐구하려는 질문을 핀으로 꽂아 놓는다(예를 들어, "어떤 종류의 설탕이 가장 빨리 녹는가?")
2. '변할 수 있는 것'이라는 제목 아래에 변화시킬 수 있는 모든 것을 찾아 적은 후 표지를 핀으로 꽂는다. 독립변인과 통제변인을 모두 찾는다(예를 들어, 물의 양, 물의 온도, 설탕의 종류, 휘젓는 정도). 이 변인 목록은 모둠의 궁리하기 활동(brainstorming) 결과다.
3. '우리가 조사하는 것'이라는 제목 아래에는 토론의 결과에 따라 탐구에서 변화시킬 수 있는 한 변인을 선택한다(이 경우에는 설탕의 종류).
4. '변화시키지 않을 것'이라는 제목 아래에는 탐구가 공정하게 이루어지기 위해 변하지 않아야 할 다른 변인을 꽂아 놓는다(물의 양, 온도, 휘젓는 정도, 그리고 설탕의 종류 이외에 확인된 그 밖의 다른 변인).

계획하기 판은 아동이 탐구를 수행하는 동안 자신들의 계획하기를 상기시켜 주는 역할을 한다.

그림 6-2. 계획하기 판(Science 5-13, 1972)

가능한 개선점 토의하기

아동은 종종 자신들의 탐구 결과에 불만족을 나타낸다. 결과가 자신의 기대에 미치지 못할 때, 아동은 자신들의 실험이 '잘못된 것'으로 결론짓는다. 실망스런 활동을 반복적으로 경험하면 동기를 감소시킬 수 있지만, 토론을 통해 날카롭게 자기비판을 하고, 잘못된 접근방식을 또 다시 사용할 가능성을 줄일 수 있다. 토론의 가치는 아무리 강조해도 지나치지 않는다. 왜냐하면 계획하기 활동 자체는 단지 활동 카드를 차례대로 기록하여 채우는 일과 비슷하기 때문이다.

탐구가 끝난 후에 토론을 하는 주요 목적은 자기비판의 습관화와 사용된 절차에 대한 성찰을 발달시키는 것이다. 교사는 아동이 점차 그 과정을 스스로 책임질 수 있도록 도움의 정도를 변화시켜야 한다. 처음에는 탐구 활동을 끝내고 실험 장치를 치우기 전에 모둠별로 아동과 이야기하는 것이 가장 좋을 수 있다. 명심해야 할 점은 교사가 아동에게 비판적인 의도 없이 열린 질문을 던져야 한다는 것이다. “자동차에 어떤 무게의 물체를 실을지 어떻게 결정했나요?”, “각각 어떤 결과를 얻었나요?”, “자동차에 실은 물체의 무게가 어떤 차이를 만드는지 결론을 내리기 위해 탐구 결과를 어떻게 사용했나요?” 종종 이런 종류의 질문은 탐구 결과를 해석할 수 있는 다양한 견해와 자신들에게 열려 있는 다른 선택과 자신들이 수행했던 탐구를 개선할 수 있는 방법을 깨닫도록 해준다. 또한 탐구 활동에 디딤돌을 마련해주는 질문은 또 다른 과정에 초점을 맞추도록 도와준다. “자동차에 매우 무거운 물체를 실어도 똑같은 결과가 나올 것이라고 생각하나요?” 토론을 통해 자신들이 수행했던 탐구에서 미흡한 점을 알아내도록 이끌어줘야 한다. 만약 교사가 의견을 제시한다면 탐구 활동의 성공 여부에 대한 판단을 제시하는 것은 바람직하지 않다. 교사의 의견도 다른 아동의 의견과 마찬가지로 의견을 종합하는 과정의 일부가 되어야 한다.

자신의 활동을 검토하는 데 익숙해지면 자발적으로 자신들이 무엇을 했는지 성찰할 수 있다. 그때 아동은 다음과 같은 질문에 답할 수 있다. “탐구를 개선하기 위해 어떻게 변화시키겠는가?” 자신이 한 탐구 활동에서 개선점을 발견했다는 것은 그만큼 아동이 자기 비판적이 되었다는 뜻이고 항상 문제를 다룰 수 있는 다양한 방법이 존재하며, 늘 최선의 방법을 예견할 수 없다는 점을 깨달았다는 뜻이다. 때때로 학급에서 발표하는 시간을 갖는 것은 대부분의 학생에게 도움이 된다. 각 모둠은 자신들의 탐구 활동에 대해 이야기하면서 비판적인 의견을 교환한다. 이 과정을 발달의 한 과정이라고 생각하고, 발달 시기가 다른 아동에 비해 조금 늦은 아동에게는 그에 따라 적절한 도움을 제공하는 것이 중요하다.

내용 간추림

이 장은 아동이 탐구를 계획하는 일을 도와주는 데 있어 교사의 역할에 관한 것이었다. 계획하기 기능은 매우 중요하기 때문에 아동은 체계적이고 만족스러운 방식으로 정보와 생각을 수집하기 위해 주변 사물과의 만남을 확장할 수 있어야 한다. 사물에 대해 생각하고 유용한 접근방식을 예상하도록 아동을 격려하여 문제 해결 능력을 증진시키도록 한다. 그러나 무엇보다도 계획하기 기능은 아동에게 다른 사람이나 자기 자신의 생각을 과학적인 방법으로 확인할 수 있는 능력을 제공하기 때문에 개념을 발달시키는 데 핵심적인 역할을 한다.

초등학교 과학에서 제기되는 질문과 관련하여 다음과 같은 여러 종류의 탐구가 확인되었다. 정보를 찾기 위한 탐구, 행동을 시험하기 위한 탐구, 규칙성을 찾기 위한 탐구, 문제를 해결하기 위한 탐구.

계획하기 기능의 본성이 예를 들어 설명되고 서술되었다. 계획하기의 수준은 일반적인 것과 구체적인 것으로 구분되어야 한다. 일반적인 수준에서, 변인은 변화되거나 조작되는 것(독립변인), 관찰되거나 측정되는 것(종속변인), 공정한 검사를 위해 같게 유지하는 것(통제변인)으로 구별되어야 한다.

구체적인 수준에서 계획하기는 독립변인이 변화되는 범위, 측정이나 관찰이 이루어지는 방법, 다른 변인이 통제된다고 확신하기 위해 취해야 할 실제적인 조처 등에 관한 것이다.

결과를 해석하는 일 또한 고려되어야 한다. 왜냐하면 탐구가 기능의 발달뿐만 아니라, 개념 이해의 발달로 이어지려면 해석이 핵심적이기 때문이다.

이러한 아동 능력의 발달은 다음에 요약된 내용과 같이 교사가 적절한 기회를 만들고 실행하는 일에 달려 있다.

1. 아동은 다른 사람이 고안한 계획을 따라 하거나 듣는 것만으로는 배울 수 없다는 것을 명심한다. 일 년에 적어도 5~6번은 스스로 계획해 볼 수 있는 기회를 가져야 한다.
2. 아동이 사용하는 활동지나 카드를 주의 깊게 그리고 비판적으로 살펴본다. 아동이 스스로 계획하지 않고 활동지나 카드의 내용에 의존한다면 아동의 계획하기 기능을 발달시키지 못한다.
3. 처음에는 아동이 계획할 수 있는 매우 간단한 문제를 선택하고, 스스로 계획해 보도록 아동을 격려한다. 그러면 아동은 자신의 경험을 이용해 무

엇을 계획해야 하는지 생각할 수 있을 것이다.

4. 일정하게 유지하거나, 변화를 주거나 또는 관찰되거나 측정되어야 할 변인에 대한 아동의 생각에 디딤돌을 마련해 줄 수 있는 틀을 제공한다.
5. 아동에게 모둠별로 계획을 준비하게 하여, 자신들의 생각을 종합할 수 있도록 한다.
6. 때때로 아동이 실제로 시도해 보기 전에 계획을 미리 토의한다. 계획을 개선하기 위해 여러 생각을 모은다.
7. 항상 활동을 한 후에 처음 계획했던 것을 검토하여 앞으로 계획하기를 개선하는 데 사용될 수 있도록 한다.
8. 활동을 통해 얻은 결과를 원래의 질문이나 문제와 관련하여 확실하게 토의한다. 그리고 탐구 주제에 대한 생각을 발달시키는 일과 관련하여 자신들이 알아낸 결과의 의미를 생각해 보도록 한다.

Chapter 7

아동이 관찰하는 것을 도와주기

관찰은 초등 과학교육에서 핵심적인 중요한 기능이다. 모든 초등학교 과학 프로그램의 목적과 목표에서, 교사의 목표에서, 그리고 교사가 활동에서 강조하는 일 중에서 우위를 차지하고 있다. 관찰은 탐구의 모든 단계에서 사용된다. 문제를 제기하기 위한 자극제로, 새로운 경험을 예전의 경험과 연결짓는 데, (측정을 포함하여) 정보를 수집하고 사건과 사물 사이의 규칙과 관계를 알아내는 데 관찰이 사용된다. 따라서 우리는 관찰의 중요성을 설명하는 데 시간을 소비하지 않겠다. 이 장에서 우리가 좀더 관심을 갖는 것은 아동이 효과적으로 관찰하도록 도와주는 사례가 있다는 것을 보여주고, 아동의 관찰 기능을 향상시키기 위한 교사의 역할에 초점을 맞추는 것이다.

이 장에서 우리는 관찰의 의미를 폭넓은 관점에서 살펴보고, 관찰된 것에 주어진 의미나 해석까지 관찰에 포함하여 살펴보도록 하겠다. 그 이유는 이 장의 첫 번째 절에서 논의되는데 관찰하기와 해석하기 사이에 선을 긋는 것이 불가능하기 때문이다. 처음부터 어느 정도의 해석이 존재한다. 이 장의 두 번째 절에서는 아동의 과학 학습에 핵심적인 역할을 제공하는 관찰하기라는 과정 기능의 여러 측면을 살펴본다. 세 번째 절은 아동의 관찰 활동을 교사가 돕기 위해 취할 수 있는 행동에 대한 여러 시사점을 알아본다.

관 찰

관찰은 사물과 현상이 일어나는 일을 의식하고 주목하는 과정이다. 때로는 시각, 청각, 촉각, 미각, 후각과 같은 감각을 홀로 혹은 결합해서 사용하는 것을 포함하기도 한다. 그러나 관찰에 의해 정보를 취하는 것은 스펀지 속으로 물을 흡수하는 것과는 다르다. 감각은 모든 것을 흡수하지 않는다. 선택적으로 작용하고, 그 선택은 심지어 우리가 맛보고 냄새 맡을 때조차도 기존의 생각과 기대에 영향을 받는다. 예를 들어, 포도주 전문가는 일반 사람이 감지할 수 없는 미묘한 차이를 감지할 수 있다. 우리의 기존 개념과 지식은 우리가 보거나 듣거나 느끼는 것에 영향을 미친다. 예를 들어, 같은 형태의 구름을 보고도 사람마다 다른 것을 관찰할 수 있다. 구름에 대해 햇빛을 차단하고 비를 내리게 한다는 것 밖에 모르는 사람은 단지 구름이 하늘을 덮은 정도와 검은 정도만을 보게 된다. 구름의 서로 다른 특징의 중요성을 아는 사람은 구름의 가능한 높이, 두께, 이동 방향, 변하는 모양 등에 대해 말할 수 있고, 이러한 관찰로부터 추가적인 변화를 예상할 수 있을 것이다.

다음의 예는 교회의 뒤뜰에서 산보하고 있는 목사와 곤충학자의 이야기다. 이 이야기는 지각하기와 해석하기가 어떻게 일치하는지 보여주고 있다. 노래 부르는 성가대의 소리가 교회에서 흘러나오고 그 소리는 귀뚜라미 우는 소리와 시골 초저녁의 다른 소리들과 뒤엉킨다. 목사는 자신들이 듣고 있는 아름다운 소리에 대한 자신의 감상을 말했다. 곤충학자도 동의했지만 다음과 같이 말했다. "... 또 그 소리가 뒷다리에서 나온다는 것을 생각하면 정말 놀라워요." 똑같은 물리적인 소리를 들었지만, 두 사람이 실제로 들은 것은 달랐다.

이러한 예는 교실에서 모든 사람이 같은 것을 보더라도 똑같은 것을 관찰하지 않는다는 것을 의미한다. 아동들에게 병의 크기가 클수록 그 속에 든 양초가 더 오래 탄다는 것을 보여주고 싶어하는 교사의 사례를 살펴보자. 교사는 크기가 다른 세 개의 병을 준비해 타고 있는 세 개의 양초 위에 병을 동시에 덮는 방법을 아동에게 설명했다. 그 후, 교사는 아동에게 병에 따라 어떤 차이가 있었는지 물어보았다. 아동은 "차이가 없는데요. 양초가 모두 꺼졌어요."라고 대답했고 교사는 아동의 대답에 실망했다. 어떤 아동도 교사가 주목하기 원했던 점을 관찰하지 못했다. 이 실험은 병 속에서 양초가 타는 시간의 차이를 살펴보면 누구나 쉽게 알아차릴 수 있는 것이었다. 교사에게는 그 차이가 관찰 가능했기 때문에 아동들도 쉽게 관찰할 수 있다고 생각했던 것이다. 우리는 나중에 교사가 이러한 상황을 어떻게 대처해야 하는지 논의할 것이다.

이 사례가 의미하는 것은 우리가 이미 알고 있는 사실로 인해 다른 부분을 보지 못한다는 것이 아니라, **관찰하는 능력**을 발달시키는 일은 **개념을 발달**시키는 일과 서로 어울려야 한다는 것을 시사한다(1장 참고). 관찰하기라는 과정 기능이 발달하게 되면, 아동은 자신의 생각을 확장시킬 수 있는 정보를 의식적으로 찾아낼 수 있게 된다. 이러한 발달 과정에서 교사의 역할은 토론이나 폭넓은 관찰을 통해 이루어져야 하는 문제를 제시하여 다양한 관찰의 기회를 제공하는 것이다. 이러한 기회는 아동이 관찰한 특정 사물에 대한 이해와 생각을 확장시켜줄 뿐만 아니라, 다른 문제와 상황에 적용될 수 있는 기능도 발달시킨다. 생각과 이해의 확장은 관찰 기능의 발달과 함께 이루어지고, 어느 정도 그것에 의존한다. 그래서 관찰은 우리가 처음 생각한 것보다 더 많은 고려 사항이 존재하고, 아동이 자신의 과학 활동에서 관찰을 사용할 수 있도록 도우려면 먼저 관찰과 관련된 몇 가지 측면을 고려하는 것이 유용하다.

관찰의 여러 측면

상세하게 관찰하기

10~11세 아동들로 이루어진 한 학급에서 교사는 각각의 아이들에게 작은 모래 접시 위에 안전하게 세워져 있는 타는 양초 하나와 종이 한 장씩을 나누어 주었다. 그리고 아동에게 촛불을 관찰한 내용을 종이에 적도록 했다. 아동이 적은 내용은 매우 다양했다. 대부분의 아동이 다음과 같이 적었다. "불꽃은 노랗고, 꼭대기가 뾰족해요. 그리고 깜빡거려요." 대조적으로 어떤 학생의 설명을 살펴보자. "불꽃의 아랫부분은 파랗고, 위로 올라갈수록 노랗게 변해요. 그리고 그 끝이 점점 어두워지고 깃털 모양으로 가늘어져요. 전체적으로 그 속에는 같은 모양의 더 작고 어두운 불꽃이 있어요. 그 모양은 불꽃이 깜빡일 때 늘 변해요." 활동 후, 관찰한 내용을 토의하면 아동은 처음 관찰을 통해 발견하지 못했던 좀더 많은 부분을 발견하고 관찰하게 된다는 사실을 교사는 알게 됐다. 관찰은 때로는 논쟁을 해결하기도 했지만, 때로는 자신의 잘못된 생각을 고치고 다듬도록 했다. 이 교사는 아동이 촛불에 대해 배운 것

에 관심을 두기보다는 아동이 관찰을 통해 얼마나 많은 것을 발견할 수 있는지에 관심이 있었다. 그러고 나서 아동이 무언가를 알아내기 위해 다른 현상을 관찰하고 있을 때, 교사는 양초 관찰에서 아동들을 도와준 방식과 마찬가지로 각각의 모양, 크기, 색깔에 대해 질문했다. 그리고 변했는지 항상 같았는지, 변했다면 어떤 변화가 있었는지, 그 밖의 어떤 것이 동시에 변했는지 등을 질문했다. 관찰하는 대상이 배추벌레이든지 용액에서 자라는 결정이든지 간에, 아동이 그 특징을 자세하게 의식적으로 살펴봄으로써 사물로부터 정보를 얻는 것을 배우도록 했다.

전반적인 특징만 보는 것과 반대로 자세하게 관찰하는 것은 종종 다른 관찰을 이해하도록 도와준다. 한 아동이 배추벌레를 관찰한 후 몸통을 따라 뻗친 7쌍의 다리가 있다는 것을 발견했다. 또 다른 아동은 3쌍의 걷고 있는 다리와 4쌍의 충격 완화 다리가 모양과 움직임이 서로 차이가 있다는 것을 발견했다. 이 아동은 배추벌레가 나비로 변태한 후 나비가 3쌍의 다리를 갖는다는 것, 그리고 곤충이 일반적으로 3쌍의 다리를 갖는다는 것을 이해할 때 분명 더 유리할 것이다.

비슷한 점과 다른 점 관찰하기

아동의 감각은 예리해서 매우 비슷한 두 사물 사이의 작은 차이도 잘 감지할 수 있다. 아동은 보통 비슷하게 보이는 두 장의 그림에서 '틀린 것을 찾아내는' 퀴즈 게임을 즐긴다. 그러나 퀴즈 상황에서 문제를 풀기 어렵게 만드는 것은 아동의 시각이 예민하지 못해서가 아니라 제시된 오류(틀린 그림)가 매우 임의적이라는 것이다. 즉, 찾으려는 것에 규칙성이 없고, 어떤 하나를 찾아도 다른 것을 찾는 데 실마리를 제공하지 않는다는 것이다. 과학 활동 상황에서 관찰은 이러한 퀴즈 게임과 다르다. 차이를 관찰하려는 목적이 있기 때문이다. 그것은 종종 문제를 해결하거나 어떤 것을 설명하는 것을 도와주는 일련의 조건이나 성질을 찾아내기 위한 것이다. 차이점을 모두 나열하는 것은 문제를 혼동시키고, 쓸모 있는 규칙성을 찾아내기 좀더 어렵게 할지 모른다. 예를 들어, 아이들이 내부가 고체로 된 달걀과 내부가 여전히 액체인 달걀을 구별하는 법을 찾고 있다. 아동은 처음엔 삶은 달걀과 삶지 않은 달걀 사이의 차이에 대해 다양한 관찰을 시도했다. 아동은 달걀의 운동(굴리기와 회전시키기), 가볍게 두드렸을 때 나는 소리, 달걀을 수돗물과 소금물에 넣었을 때 일어나는 현상 등의 차이를 나열했다. 달걀 껍데기가 약간 다른 질감을 갖는다든가, 달걀 하나는 파랗게 표시했고 또 하나는 빨갛게 표시했다는 관찰을 덧붙이는 일 등은 달걀이 액체인지 고체인지 구별하는 데 도움을 주지 못한다. 따라서 아동은 자신이 관찰하는 이유나 탐구 중인 문제와 직접 관련이 있는 차이를 구별하는 방법을 배워야 한다.

사물에서 비슷한 점을 관찰하는 것이 차이점을 관찰하는 것보다 좀더 중요하다. 많은 차이점이 있음에도 불구하고 그림 7-1에 있는 두 물체가 공통점을 가지고 있다고 보는 것은 두 물체가 공유하는 특징, 예를 들어 비슷한 기능이나 의미를 인식하는 것이다. 만약 공통점을 인식할 수 없다면, 우리 주변의 다양한 사물과 사건을 다루지 못해 개별적으로 각각의 개념화(예를 들어, 의자)에 대해 따로 배워야 할 것이다. 많은 방식에서 차이가 나는 사물이 공통적으로 가지고 있는 중요한 특징을 찾아내는 일은 개념 형성에 핵심적이다. 따라서 사물 사이에 있는 어떤 종류의 유사성을 인식하는 것은 모든 것이 다르게 보이는 상황에서 꼭 필요한 기능이다. 또한 서로 다른 특징에 주목하여 분류(무리 짓기)를 할 수 있는 것도 중요하다. 예를 들어, 고양이, 개, 그리고 카나리아는 사람이 집에서 키운다는 것과 꼬리를 가지고 있다는 점에 초점을 맞춘다면 같은 집단으로 분류되지만, 해부학적인 특징이나 먹이를 고려한다면 다른 집단으로 분류될 것이다.

그림 7-1. 두 물체는 커다란 차이점이 있음에도 불구하고, 모두 앉는 물체로 사용된다는 충분한 공통점을 가지고 있다.

사건의 순서 관찰하기

사건을 이해하는 데 도움이 되는 것은 어떤 동떨어진 관찰보다는 오히려 서로 연관된 것을 여러 번 관찰하는 것이다. 예를 들어, 한 아동이 냉장고에서 꺼낸 차가운 음료수 깡통에 물기가 있다는 것을 발견했다면 왜 그렇게 되었는지에 대한 이해는 연속적인 일련의 관찰을 통해 알 수 있다. 깡통이 냉장고에 있었을 때 물기가 있었는가? 물기는 언제 맺히는가? 깡통을 오랫동안 냉장고 밖에 두면 어떤 일이 일어나는가? 만약 빈 깡통을 사용해도 물기가 맺히는가? 또 다른 예로, 색 잉크가 흡수지에 흡수되는 과정에 대한 주의 깊은 관찰은 어떻게 서로 다른 성분의 색깔이 분리될 수 있는지 아동이 이해하는 것을 돕는다. 그래서 크로마토그래피는 마치 마술처럼 신비한 현상이라기보다는 아동이 충분히 이해할 수 있는 현상이 될 수 있다.

관찰에서 규칙성을 찾아내기

한 관찰을 다른 관찰과 연결짓는 일은 유사성과 차이, 그리고 순서와 관련하여 이미 언급했다. 관찰에서 규칙성을 찾는 일은 관찰을 서로 연결짓는 단계보다 한 단계 더 앞으로 나아간다. 규칙성은 처음에 모든 가능한 관찰을 하고 나서, 어떤 관계가 발견되는지 살펴보는 것만으로는 발견되지 않는다. 가능한 규칙성을 미리 생각하며 관찰을 통해 그러한 규칙이 보이는지 살펴보는 것을 필요로 한다. 그래서 우리는 규칙성처럼 보이는 것에 주목하고, 규칙성이 맞는지 알아보기 위해 좀더 많은 관찰을 시도한다. 이것이 바로 우리가 처음에는 인식하지 못했던 것을 두 번째에 좀더 분명하게 보거나 듣게 되는 이유다. 이러한 이유는 우리가 더 많은 정보를 받아들이기 때문이 아니라, 선택된 부분에 초점을 맞추고 '잡음'을 배재해 버리기 때문이다. 예를 들어, '뉴턴의 흔들이'라는 장난감(그림 7-2)에서 만약 한 공을 옆으로 잡아당겼다가 놓으면, 다른 공이 반대쪽 끝으로 흔들린다. 두 개의 공을 함께 잡아당겼다가 놓으면 반대쪽으로 두 개의 공이 흔들린다. 이것은 어떤 규칙성을 시사하지만, 그것을 입증

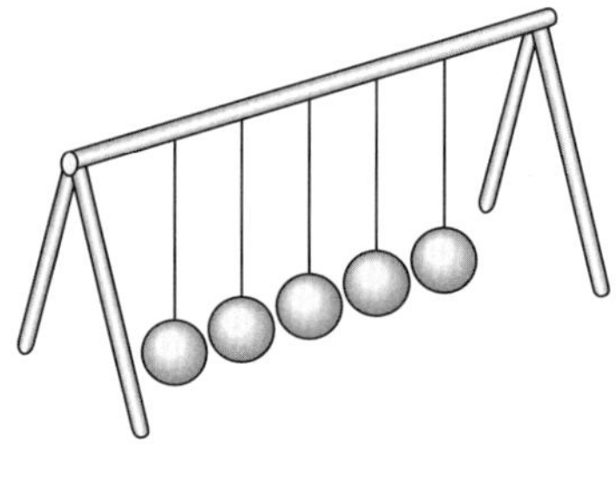
그림 7-2. 뉴턴의 흔들이(충돌 구)

하기 위해서는 또 다른 관찰이 이루어져야 한다. 여기서 가정된 규칙성은 추가적인 관찰에 초점을 맞춘다. 예를 들어, 구름과 비를 연관시키는 간단한 수준에서부터 일기 예보에 사용되는 보다 복잡한 규칙성에 이르기까지 기상 조건을 관찰할 때도 유사하게 규칙성을 찾을 수 있다. 예상하고 설명하기 위해 관찰에서 규칙성을 사용하는 일은 우리가 주변 세계의 현상을 이해하고 그러한 이해를 발달시키는 데 과정 기능(관찰)이 어떻게 도움되는지 매우 분명하게 보여준다(6장 참고).

관찰의 몇 가지 장점

관찰 기능은 다음과 같은 여러 가지 방법으로 아동의 과학 학습을 도와준다.

- 과학 탐구 자극하기 — 유사점과 차이점을 주목하는 일은 탐구에 대한 자극제가 될 수 있다. 예를 들어, 여러 동물의 뼈에 대해 공부하고 있는 한 아동이 색깔이 다른 뼈를 발견했을 때, "색깔이 다른 뼈는 다른 동물에서 나온 것인가?"라는 질문이 탐구의 출발점이 되었다.
- 세상에 대한 지식 확장시키기 — 아동은 자신의 주변 세계를 자세히 관찰함으로써 많은 것을 배울 수 있다. 예를 들어 물속에 넣은 연필이 수면 아래에서 굵게 보이는 것을 주목하여 물의 성질에 대한 지식을 확장시킨다. 또는 타는 양초를 관찰하면서 심지 주위에 촛농이 고인 곳을 주목한다면, 아동은 양초에 왜 심지가 필요하고 그것이 어떻게 작용하는 지에 대한 이해와 관련된 정보를 모을 수 있다. 그리고 자연 세계에 대한 자세한 관찰은 분명 동물과 식물의 다양성을 인식하게 할 것이다. 만약 아이들에게 들판의 작은 땅을 조사하도록 한다면, 교사는 모든 집단에서 동일한 반응을 얻게 된다. 아이들 역시 그렇게 작은 지역에 다양한 식물이 존재한다는 것에 놀라기 때문이다.
- 탐구로부터 결론 끌어내기 — 관찰은 여기서 특히 중요한 역할을 한다. 관찰의 질이 의미 있는 결론을 끌어낼 수 있는지 결정하는 데 중요한 요인이 되기 때문이다. 얇은 나선 모양의 종이를 촛불 위에 매달았을 때 그것이 회전하는 모습을 관찰하는 아동을 생각해 보자. 공기가 가열될 때 종이에 어떤 일이 일어나는지 결론을 내리기 위해서는 나선 모양이 돌아가

는 방향을 주목하는 것이 중요하다는 것을 인식해야 한다. 나선 물체의 운동은 공기가 위로 이동한다는 것을 의미하는가? 왜 아래로 이동하지 않는가? 이 물음에 대답하는 것은 단지 나선 물체가 도는지 살펴보는 것뿐만 아니라 어느 방향으로 도는지 살펴보고, 이 공기가 위로 올라갈 때의 움직임과 일치하는지 알아낸다는 것을 뜻한다. 이러한 방식으로 관찰 증거를 사용하려는 시도는 아동에게 좀더 많은 관찰을 하도록 하고, 관찰 기능을 더 세련되게 한다.

- 개념의 발달 — 비교하는 사물이 서로 다른 경우, 비슷한 점을 추출해 내는 일은 개념을 발달시키고 확장시키는 데 도움이 된다. 즉, 고립된 관찰로서 내버려 두는 것이 아니라, 함께 종합하고 서로 연결되도록 해야 한다. 그림 7-1에 있는 의자처럼 함께 있는 사물을 서로 비교 관찰하는 것뿐만 아니라, 여러 시간에 걸쳐 그리고 서로 다른 장소에서 일어나는 관찰에도 해당한다. 어느 교사가 끓고 있는 주전자에서 나온 수증기가 찬 접시 위에서 응결하는 것을 시범으로 보여주었다. 토론을 할 때 아동은 이러한 관찰을 채소를 삶을 때 부엌 유리창에 김이 서리는 현상과 욕조에 뜨거운 물을 받을 때 욕실의 거울에 김이 서리는 현상과 관련지을 수 있었다. 관찰을 통해 아동은 수증기가 응결되는 비슷한 형상을 찾을 수 있었고 그것은 아동이 응결 과정을 이해하는 데 도움이 되었다.

교사의 역할

앞에서 언급한 촛불 관찰 활동처럼 관찰 연습을 위해 특별히 고안된 활동은 자주 사용하지 않는 것이 좋다. 너무 자주 사용되면 아동이 쉽게 싫증을 내, 활동 자체의 원래 목적을 상실하게 된다. 그럴 경우, 판에 박힌 생각을 불러일으키기 쉽다. 일반적으로 관찰은 실제로 관찰이 필요하여 사용되는 활동을 통해 가장 잘 발달된다. 또한 관찰은 탐구의 다양한 목적에 도움이 되고, 학습을 위한 탐구의 가치는 부분적으로 관찰의 질에 의존한다. 그렇다면 교사가 어떻게 효과적으로 아동의 관찰을 도와줄 수 있을까?

1. 관찰할 수 있는 기회를 제공하고 초대하기

2. 주의 깊고 자세한 관찰을 위해 충분한 시간 허용하기
3. 관찰에 초점을 맞추도록 적절한 질문하기
4. 학생이 자신의 관찰 범위를 확장시킬 수 있도록 도와주기
5. 관찰된 내용 토의하기

관찰을 위한 기회

여기서 기회란 자세하고 깊이 있는 관찰을 하기 위해 적절한 자료와 충분한 시간을 가지고 사건에 접근하는 기회를 말한다. 관찰 자료는 교사가 의도하고 있는 일반화나 개념과 관련된 관찰이 이루어질 수 있도록 선택돼야 한다. 이 말은 매우 구조화된 '정해진 것'을 뜻하는 것이 아니라, 어느 정도 생각할 거리가 관찰 자료 속에 있어야 한다는 것이다. 예를 들어, 아동이 과일 하나를 관찰하기보다는 익은 정도가 서로 다른 과일을 관찰한다면, 열매와 씨앗의 발육에 대해 좀더 많은 것을 이해할지 모른다. 아동에게 과일이 익은 순서대로 나열하도록 하고 어떤 특징 때문에 그런 순서대로 놓았는지 이유를 말해보도록 할 수 있다. 이러한 과정을 통해 아동은 씨앗의 발달과 함께 일어나는 변화를 직접 알아낼 수 있다.

(방금 언급했던 과일과 같은) 학습 소재와 관련된 자료는 그 소재가 과학 수업 시간에 활동 주제가 되기 전에, 며칠 동안 전시용 탁자 위에 전시해 놓고 궁금증을 유발할 수 있다. 이러한 관찰 자료와 함께 다음과 같은 질문이 적힌 '관찰을 위한 초대' 카드를 놓아두는 것이 도움이 될수 있다. "~ 무엇을 주목했는가?", "서로 어떤 차이가 있는가?", "같은 점은 무엇인가?", "사물을 함께 놓아두었을 때 어떤 일이 발생하는가?" 등을 질문할 수 있다. 교사는 또한 질문에 아동이 반응하도록 하기 위해 관찰한 내용에 대한 전체 학급 토의 시간을 주도록 한다. 이런 방법으로 관찰하기의 가치와 교사가 덧붙인 중요성을 강조할 수 있다.

아동에게 그림을 그리도록 하는 일은 아동이 세부 사항에 주목하도록 북돋아준다. 예를 들어, 교사는 아동이 메뚜기를 관찰하러 야외로 나가기 전에, 가능한 한 기억할 수 있는 대로 메뚜기를 그려보라고 할 수 있다. 아동은 그리기를 통해 자신들이 메뚜기에 대해 정확히 알고 있지 않다는 것을 깨닫고, 실제

로 관찰할 때 자신들이 모르는 부분을 열심히 관찰했다.

관찰을 위한 시간

시간은 관찰하는 기회를 제공하는 데 있어 중요한 차원이다. 짧은 기간의 자유 관찰이나 관찰 자료와 함께 하는 자유로운 놀이는 아동에게 사물에 대해 궁금증을 유발하여 질문을 제기하도록 자극하는 가장 효과적인 방법이다. 허용된 시간은 너무 길지 않아야 한다. 대략 10분 정도가 충분하다. 대부분의 아동이 피상적으로 관찰하고 몇 분 이내에 흥미를 잃는 것처럼 보이지만 아동에게 자유롭게 생각할 기회를 주면, 특히 토론 후에 종종 그 물체에 다시 흥미를 갖게 된다. 예를 들어, 처음에 크기가 다른 병 속에 있는 양초에 대해 어떤 차이도 알아채지 못했던 아동도 교사가 다시 실험을 반복하면서 모든 양초가 동시에 꺼지는지 잘 살펴보라고 말하면, 자신들이 '발견한 것'에 대단한 관심을 가졌다. 아동은 반복해서 관찰하기 원했고, 매번 자신이 본 것에 대해 좀더 확신하게 되었다.

관찰 범위 확장하기

관찰 기능의 발달은 우리의 감각 범위를 확장시키는 도구를 사용하는 능력에서 나타난다. 이것은 돋보기나 온도계, 이중 초점 현미경과 같은 간단한 도구나 컴퓨터와 탐침(센서)의 사용을 포함한다. 이 경우, 아동은 자신이 본 것을 해석하는 방법과 장비를 올바르게 사용하는 방법을 알아야 한다. 탐침과 소프트웨어를 포함한 **컴퓨터 자동 측정 장치**(computer data-logging)[7]의 사용은 시각 이외의 감각 범위를 확장하고 관찰의 민감성을 증가시켜 왔다. 아동은 컴퓨터 자동 측정 장치를 사용하여 자기 피부의 서로 다른 부분의 미세한 온도 차나 빛이 색 필터를 통과할 때 빛의 세기 변화를 관찰할 수 있게 되었다. (색 필터에 대한 관찰을 통해 흰빛이 다른 색깔의 빛으로 변하는 것은 또 다른 빛이 합해지는 것이 아니라, 오히려 없어진다는 것을 깨닫도록 해준다.)

---

7) **역자 주**: 센서(sensor)라는 탐침을 컴퓨터와 연결시키는 매개 장치(interface)와 컴퓨터로 구성된 자동 측정 장치를 사용하는 과학 실험을 보통 MBL(Microcomputer Based Laboratory)이라고 한다.

컴퓨터 자동 측정 장치는 언제든 자료를 수집할 수 있게 한다. 계절에 따른 낮의 길이 변화를 공부하는 아동은 24시간 동안 빛의 세기를 기록할 수 있고 여름과 겨울의 빛의 세기를 비교할 수도 있다. 또한 일출과 일몰의 정확한 시간을 확인하여 일 년 동안 어떻게 변하는지 알아볼 수 있다.

물론, 아동이 그 탐침이 무엇을 측정하고 컴퓨터 화면에 나타난 선이나 막대가 무엇을 뜻하는지 알아야 하는 것도 중요하다. 친숙한 기구와 새로운 기구를 함께 사용할 수 있는 상황에서 컴퓨터 자동 측정 장치를 도입하는 것은 유익하다. 예를 들어, 따뜻한 물이 냉각될 때 물속에 온도계와 온도 탐침을 나란히 넣고, 두 기기가 같은 온도를 측정하는지 알아본다. 이때 아동이 컴퓨터 화면에서 본 것에 어떤 의미를 부여하는지 점검하는 데 있어 전체적으로 교사는 중요한 역할을 한다.

교사의 질문

아동이 탐구를 시작하도록 하기 위해 3장에서 논의된 여러 종류의 질문을 사용한다. 활동을 하는 동안 교사는 관찰을 포함한 과정 기능을 아동이 사용하도록 특별히 북돋아주는 질문을 사용할 수 있다. 아동이 "보통 밀가루 대신에 '스스로 부풀어 오르는 밀가루'로 팬케이크를 만든다면, 어떤 일이 일어날까?"와 같은 문제를 탐구하고 있다고 가정해보자. 교사의 특별한 언급 없이도 아동은 서로 다른 종류의 밀가루로 만든 팬케이크의 차이를 활동의 마지막에 맛에서 찾게 될 것이다. 만약 좀더 심도 있게 질문할 경우 아동은 만드는 과정의 각 단계에서 일어나는 현상을 세심하게 관찰할 수 있을 것이다. 요리하기 전에 두 반죽의 공통점은 무엇인가? 차이점은 무엇인가? 어떤 현상이 생기는가? (아마 두 개의 반죽 중 하나에서 거품이 올라오고 터지는 소리가 날지 모른다.) 교사의 질문은 활동이 끝났을 때뿐만 아니라, 관찰에 초점을 맞추기 위해 활동 중간에 반복될 수 있다. 베이킹파우더를 혼합한 밀가루를 가열할 때 생기는 기포를 살펴보게 하면, 요리 과정에서 부풀어 오르게 하는 역할을 좀더 쉽게 깨닫도록 할 것이다.

교사의 질문은 활동을 하는 동안 또 다른 역할을 한다. 이상적으로 교사는 아동이 탐구를 어떻게 수행하는지 관찰해야 한다. 그러나 교사는 한 번에 모든 아동들의 탐구 활동을 관찰할 수 없다. 각 모둠별로 교사가 함께 토의하게 될 때까지 교사는 학생이 어떤 결정적인 세부사항을 관찰했는지 알지 못한다. 때문에 질문하기는 수집된 증거를 확인하는 데 목적을 두어야 한다. 교사가 예상하지 못한 결과를 아동이 보고한다면, '틀렸다'고 말하지 말고, 다시 한 번 탐구 활동을 '반복해 보도록' 요구해야 한다. 이번에는 종류가 서로 다른 실의 상대적 세기를 측정하는 모둠 활동의 경우를 살펴보자. 아동은 교사에게 실의 굵기에 따라 세기가 달라지지 않는다고 대답했다. "어떻게 그런 결론을 내렸지요?"라는 질문에, 아동은 "굵은 실에 600g의 추를 매달았을 때와 얇은 실에 매달았을 때 모두 똑같이 실이 끊어졌어요."라고 대답했다. 아동의 불완전한 실험 방법 때문에 교사가 원했던 관찰을 하지 못한 것이다. 아동이 관찰을 통해 발견할 수 있다고 예상을 해도 가끔 아동이 관찰하지 못하는 경우가 발생한다. 어른인 우리는 그걸 관찰할 수 있다는 것을 알지만, 여러 가지 이유로 아동은 다른 것을 관찰했기 때문이다. 이때 교사는 아동의 이해를 도와수 있는 것을 관찰하도록 '주의를 집중시키는' 질문(3장 참고)을 던지는 역할을 해야 한다.

관찰에 대한 토론

8장에서 논의되겠지만 토론은 탐구의 모든 측면에서 중요하다. 관찰과 관련된 토론은 아동이 관찰을 통해 어떤 정보를 얻을 수 있는지에 대한 인식을 높이는 데 사용될 수 있다. 집단 속에서 관찰과 관련된 토론은 그림 그리기 활동과 동일한 기능을 하는 것이다. 예를 들어, 교사가 암석의 풍화와 생성 시기에 대한 흔적을 살펴보도록 하기 위해 한 학급을 어느 교회로 데리고 갔다. 교사는 질문을 통해 학생들이 관찰해야 할 것을 미리 생각할 수 있도록 했다. 학생들에게 암석의 어느 부분이 가장 많이 닳았을 것이라고 생각하는지, 풍화와 마모된 곳을 어떻게 알아낼 수 있는지, 오래된 돌과 최근 생성된 돌은 어떤 면에서 차이가 있는지 등을 질문했다. 토론은 문제에 대한 아동의 관심을 증가시켰다. 토론을 통해 미리 관찰 사항에 집중하지 않았다면 아동은 의미 있는 관찰을 하지 못했을 것이다.

관찰한 내용에 대한 토론은 어느 정도 체계가 필요하다. 좋은 토론은 그냥 일어나는 것이 아니라 치밀한 사전 계획을 필요로 한다. 토론을 설정하고 운영할 수 있는 몇 가지 방법이 8장에서 논의된다. 아동이 관찰한 내용을 발표하고 토론할 때는 어떤 틀이나 구조가 필요하다. 왜냐하면 초점 없이 서로 다른 측면에 대해 여러 의견을 마구 쏟아 놓는 것은 혼란을 일으키기 때문이다. 6~7세 아동의 학급에서 아동들은 딱정벌레의 애벌레인 쌀벌레를 관찰한 후 자신들이 관찰한 내용에 대해 토론했다. 그러나 쌀벌레의 생김새와 행동 특징 등을 너무 다양하게 설명하면 토론에 혼란을 가져올 수 있다. 자칫하면 산만해질 수 있는 분위기를 막기 위해 교사는 첫 번째 아동이 발표한 관찰에 주제를 한정시켰다. 주제는 쌀벌레의 다리 개수에 관한 것이었다. 주제를 벗어나지 않는 범위에서 자신이 관찰한 내용을 바탕으로 쌀벌레의 다리 개수에 대해 의견을 덧붙이도록 했다. 이러한 토론 방식은 아동들이 제시된 주제에 집중할 수 있기 때문에 상당한 성과가 있다. 왜냐하면, 어떤 아동은 쌀벌레가 세 개의 다리를 가지고 있다고 생각했고, 어떤 아동은 여섯 개의 다리를 그리고 어떤 아동은 여덟 개의 다리를 가지고 있다고 생각한다는 것이 드러났기 때문이다. 또한, 이러한 토론은 특별한 관점에 초점을 맞춘 추가적인 관찰에 상당한 자극제가 되는 것으로 밝혀졌다. 그 이후에 이루어진 관찰은 처음보다 훨씬 더 자세하고 정확했다.

관찰 전이나 후에 토론을 통해 아동의 관찰을 고무시키는 이러한 접근방식은 매우 유용하게 사용될 것이다. 어떤 접근 방식을 강조할 것인가는 아동의 관찰 기능이 얼마나 잘 발달되어 있는지에 달려있을 것이다. 우리는 9장에서 이러한 발달에 대한 정보를 찾고 사용하는 문제를 논의할 것이다.

내용 간추림

관찰은 우리 주변에서 직접 정보를 수집하는 중요한 수단으로 논의되어 왔다. 우리는 관찰이 개념 의존적이고 우리의 감각이 환경에서 나온 신호를 전부 받아들이지 않고 그중 일부에 선택적으로 반응한다는 것에 주목했었다. 때문에 관찰은 단지 사물이나 현상을 주의 깊게 살펴보는 것과는 다르다. 세부사항을 볼 수 있고 사건의 순서를 찾을 수 있는 아동이라도 특별히 그것을 관찰하도록 지도하지 않으면 중요한 정보를 그냥 지나쳐 버리는 경우가 있다. 즉, 관찰은 감각을 사용하는 것과 다르다는 점을 보여준다. 우리가 받아들인 정보는 기존의 생각이나 기대, 특정한 과제를 바라보는 방법에 의해 영향을 받는다.

아동의 과학적 이해를 발달시키는 것과 관련하여 세부사항 주목하기, 유사점과 차이점 알아내기, 사건의 순서 확인하기, 규칙성과 관계 찾아내기와 같은 관찰의 핵심적인 측면이 고찰되었다. 이러한 관찰에 대한 논의는 탐구를 자극하기, 지식 확장하기, 자신이 탐구한 내용에서 결론을 도출하여 해석하도록 도와주기 등을 통해 관찰이 개념 발달에 기여한다는 것을 밝혔다.

그래서 관찰은 아동이 자기 주변에 있는 물체와 자료로부터 좀더 효과적으로 학습할 수 있도록 하기 위해 발달시킬 수 있고, 발달시킬 필요가 있는 기능이다. 관찰 기능의 발달을 통해 아동은 개념을 파악하고, 탐구를 제안하며, 적절한 자료를 수집하여, 탐구로부터 결론을 도출하는 데 있어 좀더 효과적이 될 것이다.

관찰 기능을 발달시키는 데 있어 교사의 역할은 관찰하는 기회를 주고 아낌없이 격려하기, 피상적으로 관찰하지 않도록 충분한 시간 제공하기, 문제의 초점에 맞춰 질문 하기, 학생들이 자기 자신의 관찰 범위를 확장할 수 있도록 도와주기, 앞으로 관찰할 수 있는 내용이나 이미 관찰한 내용에 대해 토의하기 등을 포함한다. 관찰 기능을 발달시키기 위해 교사가 취할 수 있는 행동은 다음과 같이 요약될 수 있다.

1. 아동에게 관찰할 수 있는 충분한 시간을 준다. 새로운 관찰 자료를 도입할 때, 토론하거나 관찰을 시작하기 전에 자유로운 놀이 시간을 허용한다.
2. 충분한 관찰 시간을 가진 후에, '주의집중' 질문을 하거나 특징을 서술하거나 그림을 그리게 함으로써, 아동이 피상적인 특징을 넘어 세부사항을 관찰할 수 있도록 아동을 도와준다.
3. 과학 수업뿐만 아니라 언제나 아동이 다루고 관찰할 수 있는 충분한 학습 자료를 제공하고 아동이 탐색하고 관찰하도록 유도하는 쪽지 글을 붙인 전시물을 사용한다.

4. 생각을 자극하는 학습 자료를 선택하고, 생각할 거리를 제공한다. 그래서 관찰을 통해 아동이 차이와 유사점, 사건의 순서, 잠정적인 결론에 바탕이 되는 증거를 찾아낼 수 있게 한다.
5. 관찰 활동을 조직한다. 그래서 아동이 자신이 탐구한 내용을 모둠 토론이나 전체 학급 토론에서 이야기할 수 있도록 한다. 전체 학급 토론시간에는 모둠이나 개인에 관계없이 관찰한 내용을 학급 학생에게 말할 수 있다.
6. 관찰하기 전 미리 사건이나 물체에 대해 토론하여 관찰을 위한 자극제를 제공한다. 그래서 아동이 어떤 종류의 증거나 정보를 찾을 수 있는 준비가 되도록 한다(견학이나 현장 학습처럼 관찰 시간이 제한되는 경우 특히 이 방법이 적절하다).
7. 아동의 관찰을 자극하기 위해 어떤 종류의 질문을 할 것인지 결정하는 데 주의한다. 초점이 넓은 질문은 아동 스스로 결정하여 관찰할 수 있는 장점이 있고, 초점이 좁은 질문은 아동이 놓치기 쉬운 부분을 관찰하는 데 도움이 된다.

Chapter 8

아동이 의사소통하는 것을 도와주기

초등 과학에서 교사의 역할 중 가장 중요한 세 가지 측면은 아동이 관찰하고 탐구할 수 있는 학습 자료를 제공하는 것(6장과 7장), 올바르게 질문하는 것(3장과 4장), 그리고 아동의 사고와 생각을 토의하고 의사소통하도록 돕는 것이다. 의사소통은 과학의 발전에서 가장 핵심적인 측면이다. 의사소통은 다양한 형태를 취할 수 있지만, 요약한 내용을 받아쓰게 하는 교사의 모습이나 외운 답을 암송하는 아동의 모습은 결코 아니다. 이 장에서 우리는 아동의 과학 학습에서 가장 핵심적인 세 종류의 의사소통을 고찰한다. 여기에는 여러 유형의 토론, 공책(일지)이나 폴더(folder) 사용하기, 그리기, 색칠하기 및 모형 만들기 등이 있다.

토 론

전체 학급 토론

학급 토론이나 '학급 담화'는 대개 어떤 과제가 끝난 후에, 그리고 활동이 재개되거나 새로운 활동이 시작되기 전에 일어난다. 전체 학급 토론을 하기 가장 좋은 시기는 대개 수업이 시작될 때이다. 왜냐하면 아동이 일단 새로운 탐색 활동에 들어가면, 아동의 주의를 집중시키기 어려울 수 있기 때문이다. 어떤 일이 한참 진행되고 있는 애매한 때에 아동의 활동을 중단시키지 않는 것이 좋다. 그러나 활동이 잘못된 방향으로 벗어나 교사의 조언이 필요하면, 하던 활동을 멈추고 다시 시작하는 것도 필요하다. 이러한 상황을 피하기 위해서는 수업을 시작할 때 아동과 함께 계획을 세우는 것이 도움된다. 그리고 아동이 기록한 내용을 다른 사람과 비교하고 의견을 교환하기 위해 어떤 시기에 활동을 멈출 것인지 의논한다.

학급의 담화는 여러 생각을 공개적으로 공유하는 의사소통의 한 형태이다. 활발한 학급 담화는 새로운 흥미를 유발하고, 아동이 제기한 새로운 생각을 검사하도록 한다. 또한 다른 아동의 활동에 도전하고, 해결되지 않은 문제에 대한 가능한 답을 제안하거나 새로운 발견과 탐색의 길을 열게 한다. 교사의 의견과 생각도 제시되어야 하고, 아동의 의견과 마찬가지로 동일하게 받아들여져야 한다. 교사의 의견이나 생각이 권위가 있기 때문이 아니라, 쓸모 있고 설득력 있는 경우에 그래야 한다는 것이다. 그러려면 제시된 의견의 증거를 모든 사람이 이용할 수 있어야 한다. 토론은 교사가 아동의 의견을 존중하며 잘못된 부분을 바로잡을 수 있도록 하고, 용기를 북돋아준다. 또한 관계를 지적하고, 중요한 점을 강조하며, 사소한 부분에 시간을 허비하지 않도록 이끌어 준다. 토론을 통해 제시된 아동의 조언은 다른 아동의 생각에 큰 영향을 끼친다. 아동은 서로에게 명확한 설명을 요구하거나 유사, 반복된 실험의 결과를 비교하여 교사보다 서로를 좀더 효과적으로 자극하여 도전하게 한다. 아동은 복종을 통해서가 아니라 설득에 의해 서로의 잘못된 점을 고친다.

이와 같이 긍정적이고 호의적인 분위기(2장 참고)는 어떤 체계적인 구조나 틀(structure)이 없다면 형성되지 않는다. 대화를 나눌 때는 자신의 의견을 말하는 것뿐만 아니라 다른 사람의 의견 또한 잘 들어주어야 한다. 서로가 질문하고 대답하는 동등한 기회를 갖고, 의견을 교환하는 것은 교사에게 달려있다. 이 말은 교사가 의견 교환의 내용을 결정하거나 지배한다는 뜻은 아니다. 오히려 사회자처럼 행동하면서 모든 사람의 의견을 듣고 토론 주제가 벗어나지 않도록 도와주는 역할을 해야 한다는 것이다. 토론 중에 언급된 다른 화제의 경우에는 교사가 잊지 않고 반드시 나중에 다시 토의해야 한다.

또한 적극적으로 토론할 수 있도록 수업 준비를 하는 것도 매우 중요하다. 예를 들어 아동의 인원수, 교실의 모양과 크기에 따라, 아동을 교실 한 곳에 모여 앉도록 하는 것(이야기 시간에 사용하는 방식)이 좋은 방법이다. 공통된 화제는 주의를 집중시키고, 서로의 생각을 교환하도록 촉진시킨다. 아동이 교사로부터 너무 멀리 떨어져 있는 경우, 자신의 의견을 충분히 말할 용기를 내지 못한다.

교사와 함께 하는 소집단 토론

교사와 소집단이나 개별 학생 사이의 토론은 대개 모둠 활동이 진행되는 중에 일어난다. 이러한 이유 때문에 교사는 언제, 어떻게 토론에 개입해야 하는지 주의 깊게 판단을 내려야 한다. 아동은 보통 자신이 하고 있는 일이나 새롭게 발견한 일, 성취한 일을 보여주거나 이야기하는 것을 좋아한다. 아동은 같은 또래 또는 들어줄 특정한 사람 없이도 끊임없이 종알거리지만, 이야기하고 싶은 내용이 있을 때 교사를 쉽게 대화의 상대자로 받아들인다. 하지만 아동이 의사소통할 준비가 되어있지 않다면, 잠시 내버려두는 것이 더 좋다. 때를 잘못 맞추면 아동을 위한 일을 그르치기 쉽다. 조스 엘스트지스트는 교실에서 자신이 관찰했던 상황을 다음과 같이 회상했다.

> 안나는 수줍음이 많고 자기 자신에 대한 자신감이 부족한 작은 여자 아이였다. 안나는 자를 가지고 활동하고 있었다. 우연히 그 옆을 지나가던 교사는 안나가 무슨 활동을 하고 있는지 궁금했다.
>
> "안나야, 무엇을 하고 있니?"라고 교사가 물었다.
>
> 안나는 대답하지 않고 자를 만지작거리기만 했다. 그리고 자신이 하고 있던 일을 멈추었다. 안나에게는 교사의 관심이 너무 부담스러웠던 것이다. 그러나 교사는 끊임없이 질문했다.
>
> "무엇을 재고 있었니?"
>
> "네", 안나는 중얼거렸다.
>
> "무엇을 재고 있니?"
>
> "...??? [키득키득] ...???"
>
> "책상이나 책의 길이를 재고 있니?"
>
> "네"
>
> 교사가 안나에게 "달을 측정하고 있니?"라고 물었더라도 안나는 "네"라고 대답했을 것이다. 안나는 어떤 것도 측정하지 않고 있었을 가능성이 크다. 교사는 왜 끊임없이 질문했

는가? 대화를 통해 교사가 안나의 생각을 알게 된 것도 아니고, 오히려 안나가 하고 있던 일을 멈추게 했다. 아마 안나는 자신의 활동을 친구에게 보여주거나 또는 자신의 활동지에 무언가 쓰거나 그림을 그려서 누군가와 함께 공유하길 원했을 것이다.

아동에게 질문하기 전에 교사는 모둠 활동이 진행되고 있는 상황을 살펴보고 자신의 역할이 필요할 때 개입하도록 한다. 예를 들면 다음과 같다.

다혜와 영선은 A, B, C 쪽지를 붙인 세 개의 달걀을 수돗물과 소금물에 넣었을 때 어떤 현상이 일어나는지 조사하고 있었다. 달걀 하나는 완전히 익힌 것이고, 다른 하나는 반쯤 익힌 것이며, 나머지는 날달걀이다. 그들은 이제 달걀을 구분해야 한다. 다음 글은 학생들이 어느 정도 활동한 후에, 교사가 그들에게 질문하는 것으로 이야기가 시작된다.

다혜 : ... 이건 완전히 익힌 것인데.

영선 : 나도 그렇게 생각해.

교사 : (학생들에게 다가가며) 어떻게 돼가고 있나요?

다혜 : 저는 C가 날달걀이라고 생각해요.

영선 : 저도 C가 날달걀이라고 생각해요.

교사 : 그래요?

다혜 : B는...

교사 : (영선에게) 왜 그렇게 생각하지요?

영선 : 부패한 달걀을 물에 넣으면 물 위로 떠오르기 때문에요.

다혜 : (동시에) 왜냐면 그건 .... 달걀 모두를 넣으면...

교사 : 부패했다고요?

영선 : 네, 전 그렇게 생각했어요.

교사 : 왜 그렇게 생각하죠?

영선 : ... 달걀이 물 위로 떠올랐기 때문에요. 그래서...
(다혜는 달걀을 소금물에 넣었다.)

다혜 : (C 달걀을 가리키며) 바닥에 가라앉았어요.

영선 : 날 달걀은 바닥에 가라앉아요.

교사 : 알겠어요.

다혜 : 그래서 저희는 C가 날 것이고, B는 중간, A는 완전히 삶은 것이라고 생각했어요.
(영선이는 다혜가 끝나기 전에 말하기 시작했다.)

영선 : ... 전 B를 완전히 삶은 것으로 생각하는데, 다혜는 B가 반쯤 삶은 것이라고

생각해요.

교사 : 아! 그렇군요. (다혜에게) 왜 그렇게 생각하는지 설명할 수 있나요?

다혜 : C를 ... 넣어.. 아니 꺼내서....(다혜는 C를 꺼내서 실험대 위에 놓고, A와 B도 꺼냈다.) A와 B를 차례로 넣어 보면 B가 먼저 뜨기 때문에 반쯤 삶은 것이라고 생각했어요. B를 다시 소금물에 넣으면...(다혜는 소금물에 B를 집어넣는다.)

영선 : ... B가 더 빨리 떠오르기 때문에 완전히 삶은 거예요.

다혜 : B가 더 빨리 떠오르기 때문에 반쯤 삶은 것이라고 생각했어요. 그리고 A를 넣으면....

(다혜는 소금물에 A를 넣는다. 달걀이 바닥에 가라앉았다가 매우 천천히 떠오른다.)

영선 : A는 천천히 떠올라요.

다혜 : 그래서 전 A가 완전히 삶은 것이라고 생각해요. 왜냐하면...

영선 : 전 그렇게 생각 안 해요. 제가 생각하기에(B 달걀을 가리키며) 달걀은 삶을수록 빨리 떠오르거든요. 하지만 B는 완전히 삶은 것이 아니라 약간 날것과 비슷해요.

교사 : 약간 날것이라.

영선 : 그래서 B가 더 빨리 떠오를 거에요.

다혜 : 그래, 하지만 B는 부패한 것이 아니잖아.

교사 : 달걀 속은 무엇으로 되어 있을까요?

영선 : 흐르는 액체로 되어 있어요.

교사 : 액체처럼 흐른단 말이지요. 알았어요.

(Harlen, 2000b에서 수정)

여기서 교사는 진행 사항을 점검하고 학생들의 생각을 알아보기 위해 질문을 던졌다. 소집단 상황에서 교사는 아동에게 과정 기능을 사용하도록 요구하는 질문을 할 수 있다. "만일 ~라면 어떤 일이 일어날 것이라고 생각하나요?", "만일 ~라면 알아내기 위해 무엇을 할 수 있을까요?" "~ 왜 그렇게 결정했나요?" 등의 질문과 그 밖의 방법이 앞의 장에서 제안되었다.

교사가 없는 소집단 토론

교사가 없을 때에도 활동 집단의 구성원 사이에서는 토론이 이루어진다. 이는 아마 모든 토론 중에서 가장 중요한 토론일 것이다. 왜냐하면 아동의 독특

한 생각이나 다듬어지지 않은 생각조차도 동등하고 자유롭게 의견을 교환할 수 있기 때문이다. 또한 다른 사람의 생각을 들어봄으로써, 아동은 사물에 대해 생각하고 설명하는 방식이 다양하다는 것을 깨닫는다. 아동은 다른 사람의 견해에 반대하기도 하고 자기 자신의 의견을 방어하기도 한다. 결국 집단 토론을 통해 아동은 처음 생각과는 다른 어떤 견해를 가지거나 입장에 도달할지 모른다. 토론을 통해 종합된 사고는 개인의 사고를 한층 발전시킨다. 주장을 합리화하기 위해서는 뒷받침할만한 타당한 증거가 있어야 한다는 것을 배우게 된다. 또한 자기 동료의 논리적인 도전에 반박하기 위해 어떤 종류의 증거가 필요한지 분명하게 알게 된다.

특정 기능과 생각의 발달을 촉진시키는 토론의 가치에 대해서는 이미 앞에서 언급했다. 이 부분은 더글러스 반즈(Douglas Barnes, 1976)의 연구에서 비롯된 것으로, 그는 아동이 생각하는 것과 말하는 것이 밀접하게 연결되어 있다고 설득력 있게 주장했다. 아동의 대화에 대한 연구를 통해 반즈는 모둠 활동에서 교사가 없어도 아동은 어떤 과제를 이해할 수 있도록 서로 도와준다는 것을 발견했다. 한 아동의 의견이 받아들여지면 다른 아동이 그것을 면밀히 검토하고 또 다른 누군가가 그것을 반박하고, 그에 대한 증거를 수집한다는 것이다. 여러 의견에 대한 다양한 토론 활동을 하면, 아동이 자신의 행동이나 추론에 도전하는 사람 없이 혼자서 활동하는 경우보다 자신의 생각을 피상적으로 검사할 확률이 줄어든다. 그러나 도전은 아동의 생각이 토론을 통해 공개되는 경우에만 이루어질 수 있다. 결과적으로 반즈는 아동이 교사가 없는 토론을 통해 많이 '**소리 내어 생각**'할수록 자기 자신의 생각에 더 많은 책임을 질 수 있다고 주장한다. 교사가 없을 경우, 아동은 '정답'에 의존할 수 없기 때문에 스스로 해결책을 찾기 위해 노력해야 한다.

많은 교사는 아동이 모둠 활동을 할 때 모든 집단을 한 번에 감독할 수 없는 점을 걱정한다. 예를 들어, 교사가 한 모둠에서 지도를 하는 동안 다른 모둠은 어떻게 지도해야 하는가? 그 해답은 다음과 같다. 교사가 없는 모둠은 교사가 그들과 함께 있다면 할 수 없는 방식으로 학습한다. 그리고 이 방법이 가장 소중한 학습 유형이다. 교사는 한 번에 모든 집단을 지도할 수 없다. 또한 교사가 늘 함께 있으면 아동은 '권위'가 없는 곳에서 토의할 기회를 갖지 못할 것이다. 교사가 없는 것이 오히려 아동을 자유롭게 하고 소리 내어 생각하며, 자신의 생각을 다른 사람이 비판하도록 만든다.

아동의 공책이나 일지

이번 절에서는 아동이 활동에 대한 기록을 남기기 위해 활동집, 폴더, 일지 또는 공책을 사용하는 것을 살펴본다. 그 중 그리기로 기록된 유형은 다음 절에서 좀더 논의될 것이다. 여기서 우리는 과학 활동에 대한 흥미를 떨어뜨리는 '필기' 방법 대신 공책을 효율적으로 활용하는 방법에 초점을 맞춘다.

학습 노트나 공책은 의사소통을 위해 매우 특별하고 필수적인 수단이지만, 종종 그 가치가 무시되거나 소홀하게 생각되었다. 공책의 사용은 아동 활동에 안정감과 영속성을 줄 뿐만 아니라, 목적과 형식을 제공한다. 공책은 활동의 기록이고, 정신활동의 확장이며, 자신의 기억을 기록한 가치 있는 정보의 저장소다. 공책은 말로 표현할 수 없는 그림이나 표, 또는 그래프를 포함할 수 있다. 즉, 공책은 과학 활동을 위해 아동의 도구가방(scientific tool bag)에 반드시 준비돼야 하는 필수 품목이다. 글을 쓸 줄 모르는 아동도 처음 과학을 공부하는 초기 단계에서 공책을 사용할 수 있다. 연필이 선을 만들고, 잉크가 얼룩을 만들며, 색연필이 색깔의 흔적을 남기고, 물감이 아름답게 번진다는 것을 알기 전에도 그림은 자기표현의 수단이며 종이 위에 기록되는 최초의 형태이다.

모든 다른 기능이나 능력과 마찬가지로 아동이 자기표현 기능을 발달시키기 위해서는 연습할 많은 기회와 시간이 필요하다. 그에 따라 표현 기능은 점차 향상되고 실제적인 의사소통도 잘 이루어지게 된다. 저학년의 경우 아동은 자신이 경험한 일이나 관찰한 내용을 그림으로 표현하기 위해 공책을 필요로 한다. 아동은 자신만이 이해할 수 있는 글이나 그림을 적어 놓는다. 아동이 자신만의 방법으로 표현한 그림들은 현실성은 없지만 어른들이 생각하지 못한 그들만의 상상으로 가득 차 있다. 이러한 그림들은 책에 실려 있는 화가의 삽화와 비교해 보면 당연히 서투르고 유치하지만, 공책에 표현된 그림은 오직 아동 자신만의 생각을 표현했기 때문에 어느 그림과도 비교할 수 없는 것이다.

나중에 공책은 아동이 탐구 활동에서 수행한 것과 얻은 결과를 기록하기 위한 유용한 도구가 된다. 교사는 아동 자신이 경험한 것이 아니라 교사가 기대하는 것을 기록하지 않도록 주의해야 한다. 또한, 아동은 오랜 시간 탐구해서 얻은 결과를 비교하기 위해 측정 자료를 기록해야 한다. 아동이 기록하는 방법을 일찍 배울수록 기록 활동은 아동의 과학 활동에서 총체적 일부가 될 것이다. 공책에 적힌 기록물의 특성은 실험이나 탐구, 관찰의 종류에 따라 달라진다. 특히 고학년의 경우에 증명하거나 측정할 때 필요한 시간이나 거리, 또는 그 밖의 자료를 기록해야 한다. 측정 자료를 해석하기 위해서는 연속적인 기록이 필요하기 때문이다. 아동은 실패를 통해 지속적인 기록이 필요하다는 것을 곧 인식하게 될 것이다.

공책에 다양한 종류의 기록을 작성하는 일은 과학 활동의 일부가 돼야 한다. 그러나 아동의 활동을 간섭하며 교사가 원하는 내용을 기록하도록 지시하는 것은 오히려 아동이 가지고 있는 목적을 상실하게 한다. 아동 스스로 탐구한 활동을 기록하고 자신이 세운 목적을 '달성했다'는 만족감을 느끼도록 이끌어주는 것이 바람직하다. 교사는 과학 공책이 아동을 시험하기 위해 사용되는 수단이 아니라 학습장이라는 것을 인식해야 한다. 종종 아동은 자신의 공책을 '교사의 질문에 답하는' 용도로 생각한다. 이 말은 교사가 아동의 생각을 알아보기 위해(9장에서 자세히 다룰 것이다) 공책을 검토하지 말아야 한다는 것은 아니다. 하지만 아동이 공책을 사용해 자기 자신을 표현하고 전달한다는 점을 염두에 둬야 한다. 공책은 거울과도 같다. 공책에는 아동의 생각과 활동 방법, 관찰 내용, 새롭게 알게 된 사실과 아동이 흥미를 느끼고 있는 관찰 대상이 기록되어 있다. 교사는 공책을 통해 아동이 독자적으로 그리고 독창적인 방법으로 활동할 수 있는지, 어느 아동이 교사의 지도가 좀더 필요한지 인식할 수 있다.

아동은 자신의 생각을 자유롭게 펼칠 수 있는 분위기 속에서 자신의 활동에 대해 자신 있게 의견을 나누며, 교사의 말을 경청한다. 또한, 자신의 공책을 통해 교사와 의사소통도 가능해진다. 일단 이러한 관계가 수립되면, 교사는 아동의 활동에 대한 의견을 공책에 첨가할 수 있고, 아동 역시 당연한 일로 받아들일 것이다. 예를 들어, 교사는 아동에게 정확한 낱말을 사용하도록 제안할 수 있다. 아동이 가라 앉은 분필을 보고 "분필을 물 속에 넣자 물 위에서 하얀 거품을 내며 바닥으로 내려 갔어요."라고 썼다면, 교사는 "가라앉은 거야"라고 덧붙일 수 있다. 또는 야외학습 후, 한 아동이 공책에 "나는 소가 싼 배설물을 공 모양으로 밀고 있는 곤충을 보았다."라고 썼다면, 교사는 "소가 싼 배설물을 공 모양으로 밀고 있는 벌레를 '쇠똥구리'라고 부른단다." 라는 의견을 달아줄 수도 있다. 이런 교사의 의견은 나중에 아동이 같은 상황에 놓였을 때 올바른 단어 선택을 할 수 있게 한다. 보통 아동은 바르고 분명하게 표현하는 일을 원하기 때문이다.

아동을 도와주는 또 다른 방법은 자신의 생각을 분명하게 하는 방법이나 **효율적인 필기 방법**에 대해 제안하는 것이다. 예를 들어, 구분 선 긋기, 수집한 관찰 내용이나 측정값을 표로 작성하기, 번호를 붙여 세부내용을 기록하기, 또는 그림의 각 부분에 이름표 붙이기와 같이 필요한 조언을 아동의 공책에 덧붙이거나 제시할 수 있다. 아동의 이해 능력은 기록하기 기능을 향상시키려는 **교사의 조언**을 통해 향상될 수 있다. 적합한 융통성과 선택의 자유가 있다면, 기록하기 모형을 제안하는 것도 하나의 방법이 될 수 있다.

종종 아동이 작성한 기록은 불완전하고, 그들의 삽화는 정확하지 않다. 교사는 어떻게 그러한 결점을 수정해야 할까? 이 질문에 대한 답은 '어떤 것도 수정하지 않는 것'이다. 수정은 교사의 책임이 아니라 아동의 책임이다. 단지 교사는 아동에게 무엇이 필요한지 보고, 아동이 스스로 수정할 수 있게 지도해주면 된다. 이 같은 방법은 다음 예에 설명되어 있다.

저울을 가지고 조용히 활동하고 있는 마리는 한 뭉치의 솜과 작은 지우개를 골랐다. 마리는 두 물체를 저울에 올려놓고, 작은 지우개가 큰 솜뭉치보다 무겁다는 사실에 놀랐다. 마리는 예상하지 못한 결과에 놀라 교사 앞에서 다시 한 번 자신의 실험 과정을 시범 보였다. "보이세요? 지우개는 아래로 내려가고 솜은 위로 올라갔어요." 그 때 교사가 마리에게 물었다. "솜보다 더 가벼운 것을 찾을 수 있겠니?" 마리는 여러 물체를 시도해 보았고, 드디어 솜보다 가벼운 땅콩을 찾아냈다. 마리는 자신의 공책에 다음과 같이 작성했다. "나는 한쪽에 솜을, 다른 쪽에 지우개를 올려놓았다. 땅콩을 올려놓자, 솜이 아래로 내려갔다." 교사가 마리의 공책에서 불완전한 관찰 내용을 보았을 때, 다음과 같은 의견을 글 밑에 달아주었다. 글 앞부분에 교사는 "저울은 어떻게 되었지?", 그리고 두 번째 부분에 "땅콩을 어느 곳에 올려놓았니?"라는 질문을 적어 놓았다.

교사는 마리가 자신의 생각을 두려워하거나 긴장하지 않고 잘 기록할 수 있도록 효과적인 방법으로 도와주었다. 그 후 마리는 솜을 올려놓은 저울접시는 올라가고 지우개를 올려놓은 저울접시는 내려간 저울 그림을 공책에 덧붙였다. 마리는 또한 "지우개의 무게가 솜보다 더 무거웠다. 그래서 나는 지우개 대신에 땅콩을 올려놓았다. 땅콩이 솜보다 더 가벼웠다."라고 기록했다. 그리고 여기에 반대로 된 저울 그림까지 새로 그려 넣었다. 마리는 교사의 도움을 받아 수정했지만 그것이 모두 자기 자신의 생각이라고 생각했다!

녹음기 또는 '음성 노트'

여기서는 음성 노트의 역할을 하는 녹음기의 사용에 대해 설명한다. 교사는 일어난 사건을 기록하는 일의 가치를 아동이 인식할 수 있도록 녹음기를 도입할 수 있다. 관찰 대상을 살펴보면서 어떤 일이 일어나고 있는지 서로 이야기하고 있는 모둠의 경우를 살펴보자. 활동 내용의 일부를 녹음기로 녹음하면 나중에 탐구 활동 중에 일어났던 일을 정확하게 기억할 수 있다. 글쓰기를 힘들어 하는 아동에게 녹음기의 사용은 적절한 방법일 수 있지만, 그렇지 않은 아동에게는 좀더 신중하게 선택하여 사용해야 한다. 언제 녹음 기록을 사용하는 것이 좋은지 결정하는 것은 아동들이 선택할 수 있도록 한다.

때때로 모둠 활동의 녹음 기록은 교사에게도 유용한 자료가 된다. 녹음을 청취하여 교사가 없을 때 토론한 아동의 생각과 추론 내용에 대한 실마리를 알 수 있기 때문이다. 녹음한 내용을 아동과 함께 다시 한 번 들어보면서 아동의 생각을 도전시키고, 대안을 제공하는 기회를 가질 수 있다.

시각적이든, 청각적이든 공책은 과학교육에서 아동과 교사 모두에게 소중한 역할을 한다. 아동이 가지고 있는 생각과 흥미에 대한 정보를 제공해주고, 활동의 기록 과정에서 아동의 흥미와 능력을 증가시킨다. 공책은 아동의 과학적 활동의 중요한 일부가 되어야 한다.

그리기, 색칠하기, 모형 만들기

그리기, 색칠하기, 모형 만들기는 흔히 과학 활동의 일부로 이루어진다. 그림은 개별적으로 공책에 그릴 수도 있고, 모둠 활동을 통해 형식적인 기록의 형태로 만들 수도 있다. 과학에서 그림 그리기를 사용하는 가장 일반적인 이유는 그리기가 아동이 관찰하고, 기억하고, 전달하는 것을 도와줄 것이라는 점이다. 또한 아동의 공책과 마찬가지로, 교사는 아동이 그린 그림을 이용하여 아동의 생각을 더 잘 이해할 수 있다. 우리는 이들 각각을 차례로 살펴볼 것이다.

사물을 표현하는 일이 관찰을 향상시킬 것이라는 주장을 지지하는 결정적 증거는 없다. 그렇지만 아동이 자신의 관찰을 기록하려고 생각하면, 좀더 자세히 관찰할 수 있다. 초등학교에 다니는 대부분의 아동은 자신이 관찰한 대상을 사실대로 표현하는 그림을 그리지 않는다. 대신에 아동의 그림은 그 물체에 대한 아동의 기존 개념에 영향을 받는다. 이러한 결론은 아동의 나뭇잎 그리기 조사에서 밝혀졌다. 나뭇잎 그리기 과제에서 대부분의 아동은 나뭇잎 가장자리는 자세하고 정확하게 기록했지만, 잎맥을 정확하게 기록하는 것은 별로 중요하지 않다고 생각했다. 즉, 아동의 그림을 통해 아동들은 사물의 한 특징에만 주목한다는 것을 알 수 있다. 아이들에게 여러 가지 잎을 그려보라고 하자, 실제 잎을 관찰해서 그리지 않고 줄기가 없는 느릅나무 잎에 줄기를 그려 넣었다. 아동은 자신 앞에 놓인 나뭇잎을 상징적으로 생각했다. 잎에 대한 어린 아동의 개념 틀에서 가장 중요한 것은 줄기와 모양이었다. 그래서 줄기는 아동이 '보았던' 잎의 중요한 일부가 되었다. 비슷한 발견이 튜니클리프(Tunnicliffe, 2001)의 사과 그림 연구에서도 보고되었다. 아동의 사과 그림에는 존재하지 않는 줄기와 잎이 그려져 있었다. 그 이유는 줄기와 잎을 달고 있는 책 속의 사과 그림이 아동의 개념 틀에 자리 잡혔기 때문이다.

자신의 생각대로 그리도록 한다면, 아동은 그리는 일에만 몰두하고 그림으로 표현하려는 물체의 세부사항을 자세히 관찰하지 않는다. 따라서 관찰 활동에는 어떤 향상도 없을 것이다. 대부분의 교사는 이럴 때 아동을 어떻게 지도해야 할지 난감해 한다. 그렇다면 무엇을 해야 하는가?

관찰 대상의 세부사항을 기록하는 것이 학습 목적이라면, 아동이 가지고 있는 선입관을 벗어던지고 올바른 관찰을 할 수 있도록 도와줘야 한다. 그러려면 교사는 그림을 그리거나 모형을 만드는 목적과 관련하여 물체의 특별한 특징에 주의를 돌리게 해야 한다. 예를 들어, 연못에서 먹이를 먹고 있는 새를 살펴보는 아동에게 새의 부리를 주의 깊게 살펴보라고 하자. 그리고 또 연못 근처의 풀밭에서 떨어진 빵조각을 먹는 작은 새의 부리를 살펴보라고 하자. 아동은 먹이를 먹을 때의 모양과 먹지 않을 때의 부리 모양을 어떻게 묘사할 것인가? 오리와 비둘기 부리는 어떻게 다른가? 비둘기가 오리의 부리로 살아갈 수 있을까? 혹은 오리는 비둘기의 부리로 살아갈 수 있을까? 교실에서 학습하는 것이 아니라 풀밭 위에 앉아서 직접 관찰하여 그린다면, 오리의 부리를 좀더 현실적으로 잘 그릴 수 있을 것이다.

7장에서 언급했던 내용 대부분이 이 절과도 관련 있다. 아동이 주의 깊게 관찰할 수 있도록 제안된 방법은 선입관이 아니라 오히려 지각과 관계된 중요한 세부사항을 표현하도록 아동을 도와준다. 그리기, 색칠하기, 모형 만들기에서는 어떤 뚜렷한 목적이 있어야 한다. 앞 문장에서 제시된 '**중요하다**'라는 말의 의미를 곰곰이 생각해 볼 필요가 있다. 모든 세부사항이 모든 목적에 도움이 되는 것은 아니다. 따라서 사진과 같은 정확한 표현이나 모형이 반드시 가장 쓸모 있는 것은 아니다. 아동이 그린 그림에서 오리의 부리가 물속에서 먹이를 잡는 데 도움이 된다는 것을 보여준다면, 오리의 꼬리 모양을 조금 잘못 그렸다고 해도 문제되지는 않는다.

그리기, 색칠하기, 모형 만들기가 아동의 과학 활동에 필요한 두 번째 이유는 아동이 관찰한 대상을 쉽게 기억하도록 도와준다는 것이다. 연구 결과에 의하면 아동은 사물에 대해 자기가 재구성한 것을 확실하게 기억한다. 하지만 재구성한 것에 가치를 두려면, 선입관으로 표현한 것이 아니라 사물의 한 부분에 초점을 맞추어 이해한 것을 분명하게 드러내야 한다.

마찬가지로 의사소통을 돕는 세 번째 이유는 목적과 초점에 대해 다시 생각해보도록 한다. 그림 8-1은 두 아동이 그린 양의 뼈(척추에서 나온 등뼈) 그림이다. 두 아동은 서로 다른 것을 전달하려고 했다. 첫 번째 아동은 한 가지 관점에서 뼈의 모양을 정확하게 반영하는 그림을 그렸다. 그렇지만 그 그림은 척수가 통과하는 구멍을 보여주지 않는다. 두 번째 아동은 척수가 지나는 구멍을 '앞' 쪽과 '뒤' 쪽에서 보여주는 두 개의 그림이 필요하다고 생각했다.

어떤 학생도 실제 뼈의 크기와 그림 크기 사이의 관계에 대한 실마리를 제

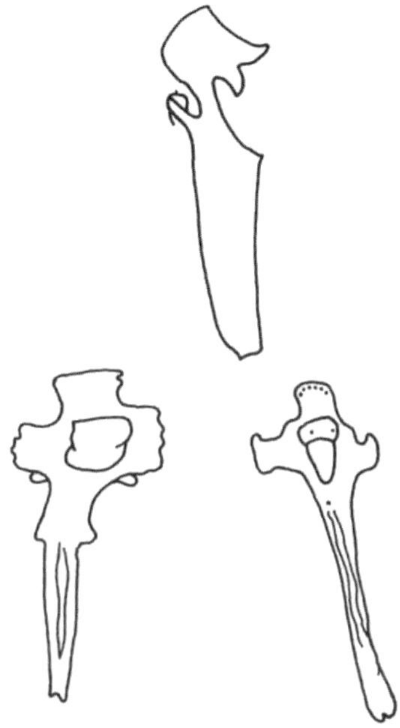

그림 8-1. 아동의 뼈 그림

시하지 않았다. 물론 이것은 그림의 목적에 따라 중요할 수도 있고 그렇지 않을 수도 있다. 그림이 양의 척추 특정한 부분에 있는 등뼈의 일반적인 모양을 보여주는 것이거나 척수가 보호되는 방법을 보여주는 것이라면, 뼈의 실제 크기를 언급할 필요는 없다. 그렇지만 다른 상황에서는 뼈의 크기가 중요할 수도 있다.

관찰 대상을 보고, 그것을 회화나 조형적으로 표현하는 과정에는 많은 생각과 기능이 개입된다. 예를 들면, 지각, 일반적인 장면의 수용, 생각의 회상, 초점 맞추기, 질문하기, 대상의 이해를 위한 실마리 탐색하기, 기록을 위해 사용할 매체 선택하기, 의도를 표현하기 위해 노력하기, 생각이나 대상 및 심상 사이를 넘나들기 등이 있다. 교사는 이러한 생각과 기능을 토론을 통해 도울 수 있다. 토론은 목적과 관찰, 그리고 전달 매체를 서로 연결시킨다. 그 중 매체의 사용은 과학교육과 미술교육이 중첩되는 영역이다.

아동은 전문적으로 그림을 그리는 화가와 입장이 다르다. 아동은 직접 실험해 볼 때까지는 붓, 분필, 연필, 목탄 또는 기름 바른 긁기 판의 효과를 알 수 없다. 교사가 아동의 어휘를 늘이기 위해 지도하는 것과 마찬가지로, 아동의 회화적 기능을 발달시키는 데 사용할 수 있는 도구와 재료의 범위를 확장시키기 위해 지도하는 것은 적절하다. 연필 하나만으로도 일련의 서로 다른 표시를 만들 수 있다. 아동이 최대한 많은 종류의 연필 효과를 다루도록 그 기법을 보여주는 작은 종이들을 아동에게 제공하는 교사는 아동이 자유롭게 관찰을 표현할 수 있는 새로운 방식을 열어놓고 있는 것이다. 이러한 방식은 회화 기능과 관찰 기능 모두를 발달시키는 데 도움이 된다.

요약하면, 그림을 그리거나 모형을 만들기 전에, 교사는 학생과 충분한 토론을 한 후 다음과 같은 사항을 결정하도록 도와주어야 한다.

1. 목적: 흥미를 불러일으키기 위한 것 혹은 재미있는 패턴을 보여주기 위한 것, 또는 정보를 제공하기 위한 것
2. 일반적인 형태를 중심으로 할지 세부사항에 집중해야 할지
3. 어느 정도로 상세하게 표현할지와 그에 적합한 재료, 그리고 전달해야 할 일반적인 인상
4. 아동의 기존 생각이 산출물에 영향을 미치는 방법

이러한 사항을 공개적으로 토론하는 것은 (잎의 크기와 모양뿐만 아니라 나뭇잎 표면의 짜임새와 잎맥의 무늬 등과 같이) 예전에 알아채지 못했던 부분까지도 정확히 확인할 수 있는 기회다.

생각에 대한 실마리로 아동의 표현 사용하기

최근 연구자와 교사는 아동의 그림 그리기와 모형 만들기에서 나온 결과를 진단 도구로 많이 이용해왔다. 그러한 결과는 아동이 가지고 있는 생각을 보여주기 때문이다. 앞의 5장에서는 아동이 가지고 있는 생각에 대한 증거를 제시하기 위해 그림이 사용되었다. 그림 8-2는 추가적인 예시다. 교사는 일종의 비유로 주전자에서 나온 수증기가 차가운 접시에 어떻게 응결되는지 시범을 보인 후, 물의 순환에 대해 설명했다. 학급 토의 활동이 끝난 후 아동에게 물의 순환에 대한 그림을 그려보라고 요구했다. 이 그림에 있는 주전자의 존재로부터 알 수 있는 것처럼, 아동은 수업 시간에 사용된 비유와 자연

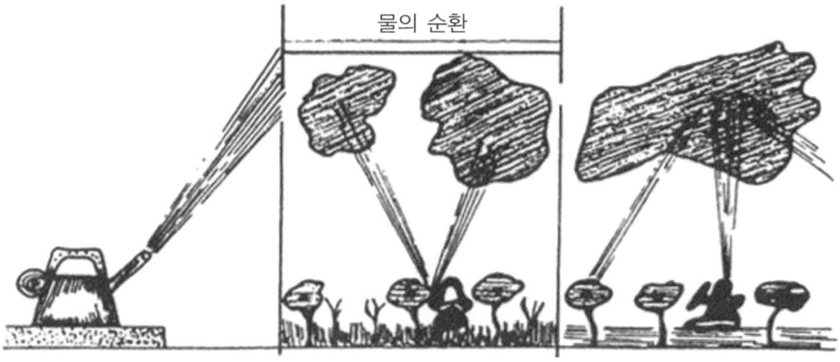

그림 8-2. 물의 순환에 대한 아동의 그림

에서의 물의 순환을 분리할 수 없었다.

그림을 그리면 말로 설명하는 것보다 좀더 쉽게 아동이 사물을 바라보는 법을 전달할 수 있다. 그리고 토의를 하면서 아동이나 교사는 그림에 의견을 덧붙일 수 있다. 예를 들어, 하룻밤 사이에 풀잎 위에 이슬이 어떻게 맺힌다고 생각하는지, 우리가 마신 음료나 음식이 우리 몸 속에서 어떻게 되는지, 수도꼭지를 틀었을 때 어떤 일이 일어나는지, 배가 뜨는 원리는 무엇이며 난파선이 물속에 가라앉는 이유는 무엇인지 등 아동의 생각을 그리도록 하는 것은 재미있다. 과학에서는 아동의 그림과 관련해서 강조될 점이 두 가지가 있다. 첫째로 중요한 관심은 무엇을 그렸는지가 아니라, 아동이 생각하는 것이 무엇인지를 분명히 해야 한다. 앞에서 제시된 그림 5-2에서 교사는 아동에게 달걀을 그려보라고 하지 않고 '달걀 속에 무엇이 있다고 생각하는지'를 그려보게 했다. 두 번째는 그림에 대해 토의하는 것이 중요하다. 이때 교사는 아동이 표현하고자 하는 생각을 편견 없이 받아들여야 한다.

아동의 회화 기능은 잘 정의된 단계를 통해 발달한다. 인지발달 단계와 마찬가지로, 발달이 가속될 수 있는 정도는 한계가 있지만, 그럼에도 불구하고 교사가 개입해야 한다는 강력한 주장이 있다. 교사는 아동이 도달한 단계를 고려하여 이들 기능을 넓히고 정교하게 다듬어주는 역할을 해야 한다. 그래서 아동이 자기 주변 세계에 대한 이해를 탐색하고 정립하는 데 효과적으로 기능을 사용하도록 도와야 한다.

내용 간추림

이 장에서 우리는 과학 학습의 총체적 부분으로 아동의 의사소통 능력을 발달시키는 데 있어 필요한 교사의 역할을 고찰했다. 여기서 고찰된 세 가지 형태의 의사소통은 토론, 필기하기, 그리기나 모형 만들기(2, 3차원 표현 사용하기)이다. 이 세 가지 형태의 의사소통은 아동의 환경 속에 있는 사물에 대한 학습의 일부다. 과학 활동에서 의미하는 의사소통은 단지 깔끔한 기록이나 그래프, 도표, 모형을 만들거나 발표하는 방법을 뜻하는 것은 아니다.

토론과 관련해서는 이 책의 여러 부분에서 언급했지만, 모든 과학 활동에서 토론의 가치를 강조하기 위해 이 장에서 모두 종합했다. 자기 생각을 설명하고 다른 사람의 생각을 함께 들어보면서 혼자서 깨닫지 못한 풍부한 생각을 얻을 수 있다. 토론은 학습 과정이 계속 일어나게 하고, 알아낸 사실을 보고하도록 한다. 서로 다른 상황에서 일어나는 토론은 서로 다른 목적에 사용된다.

- 전체 학급 토론은 모둠 활동에서 이미 이야기했던 생각을 공유하기 위한 방식이고, 주장을 뒷받침하기 위해 증거가 준비된다.
- 교사와 함께 하는 소집단 토론은 아동의 생각을 재검토하고, 아동이 고려할 몇 가지 대안을 제시할 수 있는 기회를 교사에게 제공한다.
- 교사 없이 아동으로만 이루어진 소집단 토론은 아직 모양을 갖추지 못한 불완전한 생각을 시도해 보도록 도와주고, 다른 사람으로부터 나온 다양한 생각을 들을 수 있게 한다.

아동은 활동하면서 관찰한 내용을 공책에 기록하는 습관을 길러야 한다(때때로 녹음기를 사용할 수 있다). 이러한 기록(notes)은 교사가 채점하거나 등급을 매기기 위한 것이 아니라, 아동의 **개인적인 사유물**로 간주되어야 한다고 제안했다. 교사는 필기와 기록을 사용할 수 있는 시점을 제안하여 아동이 좀 더 효율적이고 효과적인 필기와 기록 방식을 찾도록 도와주어야 한다. 이 경우 세심한 균형이 필요하다. 지나치게 간섭하게 되면 아동은 교사가 기록하기 원한다고 생각하는 것과 자신들이 얻어야 한다고 생각하는 결과만을 기록할 수 있기 때문이다. 교사가 하나하나 지시하지 않고도 좀더 나은 기법과 적절한 말을 사용하여 아동을 돕는 방법 몇 가지를 제안했다. 그 결과로 이루어진 필기와 기록은 아동 자신만의 것이된다. 아동에게는 기억을 돕는 보조물로서 가치가 있고 교사에게는 아동의 생각에 대한 정보를 제공하는 원천으로 가치가 있다.

그림이나 모형과 같은 형태의 **비언어적 표현**은 과학 학습에서 중요하다. 이와 같은 표현을 하는 목적은 교사와 아동에게 분명해야 한다. 그림 그리기의 특정한 목적에 적절한 토론이 선행되지 않거나 사물의 어떤 특징과 표현을 비교하는 토론이 뒤따르지 않는다면, 그림 그리기가 필연적으로 관찰을 향상시키지는 않을 것이다. 교사는 아동이 말하고자 하는 의미를 확실히 표현하도록 다양한 기법을 소개하고, 적절한 기능을 연습하도록 해야 한다. 아동의 선입관이 자신의 그림이나 모형에 어떻게 영향을 끼치는 지에 대한 사례가 제시되었다. 아동의 그림이나 모형을 연구하게 되면, 교사는 아동의 생각에 대해 유용한 시사점을 얻을 수 있다.

이런 형태의 의사소통 발달을 돕기 위해 교사가 취할 수 있는 행동은 다음과 같다.

토론을 격려하기

1. 교사는 아동이 모둠 활동을 원활히 할 수 있도록 교사의 의도를 분명하게 밝혀야 한다. 교사는 아동이 자신의 주장을 합리화하기 위해 증거를 찾고 서로 다른 견해를 해결하기 위해 토론하는 것을 기대해야 한다.
2. 아동이 교사와 함께 의논할 사항이 있을 때는 소집단별로 아동과 함께 토의를 시작한다. 아동이 자기 스스로 활동하기를 원한다면, 그렇게 하도록 내버려 둔다.
3. 아동이 교사의 도움을 원하는 문제는 교사의 생각을 제시하기보다 먼저 아동 스스로 생각할 수 있는 시간을 주도록 한다. 교사도 모둠 활동의 한 구성원으로 문제를 토론하는 데 참여한다.
4. 5분이나 10분 전에 전체 학급 토론을 시작한다고 미리 알려주고, 모둠별로 발표할 준비를 할 수 있도록 한다.

5. 전체 학급 토론에서, 토론 주제를 바꾸기 전에 각 모둠은 주제에 대한 자신의 생각을 분명히 말하도록 한다.
6. 모든 사항을 받아들여 고려하고, 아동이 자신의 생각과 다른 생각에 반대 의견을 말할 수 있게 한다. 추가적인 활동을 위해 논쟁 영역이 확인되어야 한다.

아동이 기록하는 것 도와주기

1. 자신의 활동을 기록하기 위해 자기 자신의 방식으로 사용할 수 있는 공책을 아동에게 제공한다.
2. 모둠 토론에서 자신의 기록물을 사용하여 자신이 수행했던 것을 다시 한 번 검토하도록 한다. 이를 통해 아동이 기록하는 일의 가치를 알게 해야 한다.
3. 공책의 내용을 꼼꼼하게 읽는다. 전체적인 내용을 고쳐주지는 않지만 정보를 조직하는 방식이나 올바른 낱말을 제안한다. 그래서 기록을 좀더 쓸모 있게 만든다.

그리기, 색칠하기 및 모형 만들기를 도와주기

1. 그림이나 모형을 만들기 전에 그 목적을 아동과 함께 토의한다. 그래서 아동이 그 목적과 관련된 특징과 그것을 표현하는 방법에 초점을 맞추도록 한다.
2. 표현을 위한 재료와 기법을 자유롭게 선택하도록 허용한다. 또 어떤 경우에는 미리 여러 기법과 효과의 적절성에 대해 토의한다.
3. 아동이 다양한 기법을 연습하고, 자신이 이용할 수 있는 재료의 사용 범위를 확실히 알도록 한다.
4. 산출물에 대해 토의하지만 비판하지는 않는다. 관찰 대상과 그 표현 사이의 불일치나 그에 대한 아동의 생각과 이유에 대해 관심을 보인다.

5. 아동의 표현 방법에 대해 연구한다. 아동이 무엇을 자세히 다루는지, 무엇을 피상적으로 다루는지, 무엇을 무시하는지, 무엇을 바꾸는지 주목한다. 아동이 갖고 있는 흥미와 관찰한 내용을 통해 아동이 해석하는 방법을 이해하는 데 도움이 될 것이다.

Chapter 9

학습을 위해 평가하기

이 장에서는 평가를 통해 아동의 학습을 돕는 방법을 설명하고 있다. **평가**(assessment)라는 말에 시험(testing)을 연상하거나 혹은 이 두 가지가 같은 것이라고 생각하는 사람에게는 평가가 중요한 것으로 생각되지 않을 수도 있다. 그래서 우리는 여기서 그 낱말에 부여된 의미를 명확하게 하려고 한다. 평가는 교육에서 여러 기능을 한다. 이 장에서는 평가의 여러 목적 중에서 아동의 학습을 돕는 목적에 대해 논의하고자 한다. 우리가 학습을 위한 평가에 주목하는 데에는 중요한 몇 가지 이유가 있다. 그중 가장 큰 이유는 평가를 통해 학습의 향상이 일어날 수 있기 때문이다. 우선 평가의 이유를 알아보고, 교사와 아동 모두를 위해 실제 현장과 관련된 것을 자세히 살펴보도록 하겠다.

의미와 목적

평가(assessment), 평정(evaluation), 시험(testing)이라는 말은 같지 않지만, 모두 아동의 생각과 기능에 대해 정보를 수집하고, 다양한 목적을 위해 판단하는 것을 포함한다. 초등학교 교실에서 아동의 학습과 관련된 주요한 목적은 다음과 같다.

- 아동의 발달을 도와줄 다음 단계를 결정하기 위해 아동의 개념, 기능, 태도가 어느 발달 단계에 있는지 알아내는 것(우리는 이런 평가를 **학습을 위한 평가**(assessment for learning) 혹은 형성 평가라고 부른다).

- 어느 시점에서 아동이 성취한 것을 알아내고, 아동 교육에 관심을 가지고 있는 부모나 다른 사람에게 성취도를 보고하는 것(우리는 이런 평가를 학습 평가(assessment of learning) 혹은 총괄 평가라고 부른다).

이 책에서는 주로 형성 평가에 관심을 갖지만, 총괄 평가 역시 중요하기 때문에 두 가지 모두 논의할 것이다. 두 평가는 수행되는 방법에서는 큰 차이가 없지만, 평가가 제공하는 정보를 활용하는 데에는 차이가 있다. 형성 평가와 총괄 평가 모두 교사가 수집한 정보를 **포함할 수** 있지만, 형성 평가는 교사가 수집한 정보를 사용하는 경우에만 그 목적에 도움이 된다. 그러나 교사가 정보를 수집했다고 해서 형성 평가가 되는 것은 아니다. 정보를 통해 아동의 특성에 맞는 학습 단계를 결정하고, 그에 따라 가르치는 경우에만 올바른 형성 평가가 된다. 어떤 경우에 그 초점은 개별 학생이 될 수 있고, 어떤 경우에는 전체 학급이 될 수 있다.

형성 평가

개별 아동을 위한 형성 평가는 다음과 같은 방식으로 일어난다.

> 10살 명환이는 스위치로 전기 벨을 작동할 수 있는 회로를 꾸미고 있었다. 스위치와 벨은 성공적으로 연결됐지만, 건전지를 그림과 같이 스위치 팔 위에 올려놓자 벨이 계속해서 울리기 시작했다. 교사는 명환이에게 건전지에서 출발해 벨까지 그리고 다시 돌아오는 경로를 손가락으로 따라가 보도록 했다. 또한, 교사는 명환이가 불을 켜고 끄는 일상생활에서 사용하는 스위치와 이 회로에서 사용하는 기본적인 스위치를 관련짓지 못한다고 생각하고, 잠시 벨을 옆으로 치우고 명환이에게 스위치를 탐색할 수 있는 기회를 주었다. 명환이가 스위치가 회로를 연결하거나 끊는 역할을 한다는 점을 깨닫지 못했다고 생각했기 때문이다. 만일 교사가 전선을 스위치에 연결하는 방법을 알려주었거나 다른 학생이 하는 대로 명환이가 따라 했다면, 스위치를 사용하여 쉽게 벨을 작동시켰겠지만, 전기회로에 대한 이해를 확장하고 이 활동에서 적용하는 가장 중요한 목적을 이해하지 못했을 것이다.

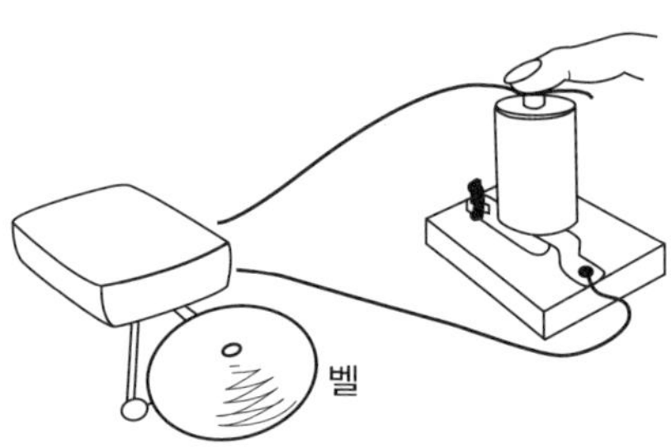

그림 9-1. 전기 벨

전체 학급을 위한 좋은 예를 살펴보자. 한 교사는 자신의 3학년 학급에서 간단한 전기회로에 관한 수업의 첫 단계를 다음과 같이 진행했다.

> 학생들은 두 명씩 짝을 지어 전지를 가지고 전구에 불켜기 활동을 20분가량 하고 있었다. 교사는 아동의 생각을 종합하기 위해, 자신이 만들었던 회로 중에서 화이트보드의 한 쪽에는 불이 켜진 회로를, 다른 쪽에는 불이 켜지지 않은 회로를 그리도록 했다. 그 다음 학생들에게 이해되지 않는 회로를 고르도록 하고, 회로도처럼 장치를 꾸며 확인해 보도록 했다. 학생들은 이러한 방식을 통해 자신의 회로도에서 잘못된 점을 확인했고, 교사는 학생들이 잘못 이해하고 있는 점들을 확인했다. 교사는 수업 후 활동에 두 가지 중요한 목적이 있었다고 설명했다. "학생들에게 화이트보드에 그림을 그리도록 한 이유 중 하나는 그림을 자세하게 그리는 것이 중요하다는 것을 알려주는 것이었고, 또 하나는 학생들의 수준을 파악해 지도가 필요한 학생을 도와주기 위해서 였어요." 화이트보드를 이용한 교사의 수업 방식은 학생들이 회로 장치에서 필수 사항을 이해하는지 전체적으로 살펴볼 수 있게 하였고, 더 많은 시간을 탐색 활동에 할애해야 하는지, 다음 활동으로 넘어가야 하는지 판단할 수 있게 했다(Linda Block, WGBH video 1997).

총괄 평가

총괄 평가는 어떤 시기에 성취된 목표를 요약한다. 특정 기간 동안 활동첩(portfolio)에서 수집된, 아동의 작품을 검사한 형태를 취하거나 시험의 형태를 취할 수도 있고, 두 가지 모두를 포함한 것일 수도 있다. 총괄 평가에서 핵심 낱말은 '**요약(summarized)**'이다. 목적을 이루기 위해 총괄 평가는 성취된 것을 간결하게 전달하는 형태가 돼야 하기 때문이다. 형성 평가를 위해 수집되고 사용되는 모든 세부사항은 전달할 수 없다. 형성 평가에서 얻은 정보의 양은 너무 많아 다루기 어렵고, 혼란스러울 수도 있으며, 이런 이유로 사용되지 않을 수 있기 때문이다. 그래서 총괄 평가의 요약은 종종 등급이나 수준, 또는 점수의 형태를 취한다. 어떤 아동은 X수준(level)을 성취한 것으로 서술될 수도 있고, 등급 Y의 표준을 만족시켰거나, 시험에서 Z점수를 얻을 수 있다. 물론 X, Y, Z가 무엇을 의미하는지 파악하는 것도 중요하지만 종종 원래의 목적을 잊어버리고, 등급이나 점수가 마치 그 자체로서 존재와 의미가 있는 것처럼 받아들이기 쉽다.

총괄 평가는 개별 아동이나 전체 학급에 대한 정보를 제공하는 목적으로도 사용될 수 있다. 개별 아동의 경우, 부모나 교사는 아동 개인에 대한 정보를 필요로 하며 요약된 등급이나 수준보다는 더 많은 것을 알고 싶어 한다. 교사나 학교를 평가하기 위해 전체 학급에 대한 정보를 사용하는 방법은 예전부터 논란이 많았지만 아직까지도 가장 일반적으로 사용되고 있다. 아동의 정보가 종종 공개되고 학교 재정 배당에 영향을 주게 되면, 총괄 평가는 위험한 '경쟁(high stakes)'으로 바뀌게 된다. 더구나 학교의 지위나 명성, 후원으로 인해 아동의 성취 결과가 중요해 질수록 아동의 성취도 측정을 '공정하게' 하는 일에 더욱 주목하게 된다. 이러한 평가는 시험 결과에 더 많은 의의를 두게 된다. 시험 결과는 전통적으로 교사의 판단보다 좀더 믿을 수 있는 객관적인 자료로 간주되어 왔기 때문이다(이런 견해를 지지하는 실제적 증거는 거의 없지만). 가장 신뢰도가 높은 시험은 확실한 '정답'을 가진 문제들로 구성된 시험이다. 이런 문제는 신뢰성 있게 점수를 매길 수 있다. 그렇지만 신뢰도가 커질수록 전체적인 교육 목적을 포괄하기는 힘들다. 시험 결과가 경쟁이 되는 순간 수업 방식은 시험에 나오는 문제에 초점을 맞출 수밖에 없다. 우리는 결국 아동에게 과학을 가르치기보다는 시험에 통과할 수 있는 방법을 가르치게 될 것이다.

교육 과정을 목 조르게 하는 시험의 영향을 피하는 방법에는 어떤 것이 있을까? 이 물음에 답은 희망적이다. 성취 수준을 교육적으로 건전하게 올릴 수 있는 또 다른 방법이 있다. 교사 자신의 평가가 경쟁적인 시험에 의해 비하되고 무시되기 쉽지만, 학습을 돕기 위해 형성 평가를 사용해야 하는 이유가 있다. 형성 평가는 다른 아동의 생각과 학습자료에 대한 아동의 적극적인 참여를 통해 이해를 발달시킬 수 있으며 국가나 지역사회에서 요구하는 시험[8)]으로 측정된 성취 수준도 향상시킨다는 증거가 있다. 물론 이것은 시험 제도와 상관없이 모든 교실에 적용된다. 다음 절에서 우리는 이러한 주장을 지지하는 증거를 살펴본다.

---

8) **역자 주**: 영국에서 2, 6, 9학년 말에 실시되는 표준 평가 시험(SATs: Standard Asessment Tests)을 뜻하며, 아동의 성취 수준(attainment)을 측정한다.

왜 형성 평가인가?

형성 평가의 주요 목적은 학습을 돕는 것으로 실제로 형성 평가를 발전시키는 중요한 이유 중 하나가 학습을 고려하는 것으로 시작한다. 1장에서 우리는 탐구를 통한 학습구조를 살펴보았고, 아동이 여러 시점에서 자신의 생각과 기능을 **사용**하고 있다는 것을 알 수 있었다. 그러나 아동의 생각과 기능 **발달 정도**는 아동과 교사 모두가 과학 학습 측면에서 발달을 규정하고 그것을 위해 어떻게 노력하는지에 달려 있다. 아동이 새로운 경험을 이해하기 위해 어떠한 생각을 가지고 있는지 알아보고 교사는 반드시 아동의 생각을 고려해야 한다. 필요에 따라서는 진단 검사를 실시해 아동이 기존에 어떠한 생각을 하고 있는지 알아내고 이것을 고려해 새로운 생각을 이해할 수 있도록 도와주어야 한다. 아동이 무엇을 관찰하고, 어떤 결과를 예상하며 자신의 탐구 계획을 어떻게 세웠는지 살펴봄으로써, 교사는 아동이 발달 과정의 어느 단계에 있는지 알 수 있다. 이를 통해 아동이 좀더 과학적으로 활동하기 위해 어떤 도움이 필요한지도 결정할 수 있게 된다. 아동이 탐구 결과를 해석하는 단계에서도 유사한 기회가 생기게 된다.

우리는 이러한 모든 단계에서 아동이 행하는 것, 말하는 것, 또는 글로 쓰거나 그리는 것 등이 교사에게 정보를 제공할 수 있다는 것을 안다. 이러한 정보를 고려하지 않는다면, 교사가 아동에게 요구하는 단계와 아동의 학습 수준이 맞지 않게 되고 아동은 자신의 수준과 관계없이 교사의 요구를 따라야 한다. 반대로 단계가 너무 낮을 수도 있다. 이러한 경우 아동은 흥미를 느끼지 못해 학습 기회를 잃을 수 있다. 이것은 활동의 모든 과정에서 교사가 정보를 수집하고 그 즉시 가르치는 일을 결정해야 한다는 뜻이 아니다. 학습에서 의미하는 **발전**(progression)에 대해 분명한 견해를 가지고 아동이 발전 과정의 어느 단계에 있는지 아동과의 상호작용을 통해 적절한 정보를 수집해야 한다는 것이다.

이제 실제로 형성 평가를 증진시켜야 하는 두 번째 중요한 이유를 살펴보자. 이는 교실 평가의 효과에 대한 광범위한 연구 결과를 통해 알 수 있다. 블랙과 윌리엄(Black & Wiliam)이 1997년에 이러한 연구를 고찰했을 때, 그들은 놀랍게도 형성 평가가 학생의 성취도, 특히 성취 수준이 낮은 학생의 성취도를 올리는 데 가장 중요한 요소라는 명백한 증거를 확인했다. 성취도에 대한 효과는 다른 여러 조건을 변화시키는 것보다 훨씬 더 컸다(Black & Wiliam, 1998). 이와 같은 학습 성과를 올린 교실의 특징은 다음과 같았다.

- 가르치는 방법을 개선하기 위해 교사는 평가를 사용했다.
- 교사는 등급이나 점수로 판단하지 않고 아동의 활동을 어떻게 개선할 수 있는지 피드백을 제공했다.
- 아동은 적극적으로 학습에 참여했다. 이는 아동이 정보를 수동적으로 받아들이지 않고 자신의 이해를 발전시키는 데 적극적이었다는 것을 의미한다.
- 아동은 자기 평가와 자신들의 학습 단계를 결정하는 데 참여했다.
- 교사는 모든 아동이 학습할 능력이 있다고 생각했다.

이러한 교실 여건이 만들어질 수 있다면, 아동이 좀더 효과적으로 학습할 수 있는 가능성은 매우 크다. 여기서 말한 조건은 결코 새로운 것이 아니다. 훌륭한 교사는 항상 이러한 방식을 직관적으로 실천해 왔을 것이다. 이 장에서 여러 조건을 자세히 살펴보면 우리는 이러한 실천 방법을 좀더 널리 확산시킬 수 있을 것이다.

가르치는 것을 개선하기 위해 평가를 사용하기

형성 평가는 교사가 정보를 수집하고, 그 정보를 바탕으로 목표를 설정하며, 아동의 학습 단계를 결정하여, 아동이 자신의 수준에 맞게 단계를 밟을 수 있도록 돕는다. 이론적으로 이러한 과정은 분리될 수 있지만 실제로 그것은 종종 서로 거의 동시에 일어날 것이다.

정보 수집하기와 해석하기

가르치는 일의 일부로 정보를 수집하는 많은 방법은 앞에서 이미 살펴보았다.

- 질문하기.

- 아동에게 자신의 생각 그리도록 요구하기.
- 개념도
- 낱말에 대해 토론하기.
- 학생들의 토론을 주의 깊게 듣기.
- 아동이 만든 것, 수행하는 것 관찰하기.

아동의 과정 기능과 태도 발달에 대한 증거를 수집하기 위해 행동을 관찰하는 것은 특별한 가치가 있다. 때문에 무엇을 살펴보아야 하는지 알고 관찰한다면 더 많은 도움을 받을 수 있다. 7장에서 살펴보았던 것처럼 아동, 교사 또는 과학자 등 누구에게나 관찰은 무엇을 살펴보는 일을 포함한다. 무엇을 살펴야 하는지 모른다면, 관찰을 할 수 없다. 교사들은 기능, 태도, 생각의 지표가 되는 아동의 말이나 행동 유형을 기억하는 것이 아동을 이해하는 데 특히 유용하다는 것을 발견했다. 동시에 이들 '지표'가 이러한 아동의 발달 특성을 반영하여 배열된다면, 아동의 행동을 해석하는 데 있어 도움이 되고, 다음 단계에 대한 어떤 지침을 제공한다. 여기에 계획하기, 관찰하기, 의사소통하기에 대한 몇 가지 사례(Harlen, 2000a)가 있다.

탐구 계획하기

아동은

1. 계획 과정에서 세부사항이 부족하거나 추가적인 사고가 필요하더라도 유용한 접근방식을 사용하며 시작하는가?
2. 공정한 검사를 위해 변화시켜야 할 변인과 동일하게 유지해야 할 것을 확인하는가?
3. 탐구 결과를 얻기 위해 무엇을 살펴보아야 하는지 또는 무엇을 측정해야 하는지 확인하는가?
4. 주어진 질문의 틀을 사용하여 공정한 검사를 계획하는가?
5. 계획했던 절차와 그 후에 일어난 자신의 실제적 절차를 비교하는가?

6. 자발적으로 자신의 계획을 체계화하는가? 독립변인, 종속변인, 통제변인을 확인하고, 정확한 결과를 얻기 위해 필요한 조처를 취하는가?

관찰하기

아동은

1. 물체와 물질의 명확한 차이점과 유사점을 확인할 수 있는가?
2. 물체나 물질을 탐색하는 데 여러 감각을 사용하는가?
3. 물체나 물질의 차이를 자세하게 확인하는가?
4. 서로 분명하게 차이가 나는 물체에서 유사한 점을 발견하는가?
5. 자신의 감각을 적절하게 사용하고, 필요하면 돋보기나 현미경을 사용하여 시각의 범위를 확장하는가?
6. 다양한 관찰 내용 중에서 탐구 활동과 관련된 내용을 찾을 수 있는가?

의사소통하기

아동은

1. 기록물을 만들거나 혹은 만들지 않고, 자신의 생각과 활동에 대해 자유롭게 이야기하는가?
2. 다른 사람의 생각을 주의 깊게 듣고, 그들의 결과를 살펴보는가?
3. 자신의 생각과 알아낸 결과를 제시하기 위해 그림, 글, 모형, 회화 등을 사용하는가?
4. 결과를 기록하고 조직하기 위해 필요한 표, 도표, 그래프 등을 사용하는가?
5. 자신의 탐구를 보완하거나 점검하기 위해 참고 도서를 사용하는가?
6. 정보 유형과 청중을 고려하여 결과를 기록하거나 제시한 형식이 타당한가?

이들 목록은 해당 기능의 발전을 1에서 6단계의 수준으로 나타낸다. 일반적으로 발달에 관해 잘 알려진 내용을 바탕으로 만들어졌지만, 모든 아동에게 정확하게 꼭 맞는 것은 아니다. 이 목록은 몇 가지 용도가 있다. 첫째 아동의 행동에서 특정한 측면을 관찰하도록 교사에게 정보를 제공한다. 그리고 이 목록은 각 아동에 관한 질문에 답하기 위해 오랜 시간에 걸쳐 만든 관찰한 내용을 종합하는 데 도움을 준다. 또한, 이 목록은 어느 항목에서 답이 "예"에서, "때때로"나 "아니오"로 변하는지 알 수 있도록 도와준다. "예"나 "아니오"라고 답하기 어려운 경우, 그 항목은 발전하고 있는 아동의 현재 수준을 가리킨다. 다음 단계로 이동하기 전에 그 기능을 더 강화할 필요가 있다.

동일한 접근방식이 다음과 같은 과학적 태도에도 사용될 수 있다.

증거를 존중하기

아동은

1. 이전에 갖고 있던 생각이 해석에 영향을 미치기도 하지만, 증거에 비추어 결론을 정당화하려고 하는가?
2. 증거가 예상한 결론과 맞지 않는 경우를 깨닫는가? 아동은 도출된 결론보다는 증거 자체에 이의를 제기할지 모르지만, 불일치를 인식하는가?
3. 전반적인 규칙성이나 결론과 어울리지 않는 증거의 일부를 찾아내는가?
4. 지지하는 증거가 있는 경우에만 해석이나 결론을 받아들이는가?
5. 결론을 받아들이기 전에 다시 한 번 검토하기 위해 추가적인 증거를 수집하려고 하는가?
6. 추가적인 증거나 어떤 요인에도 영향을 받지 않는 확고한 결론이 없다는 것을 인식하는가? 즉, 결론의 잠정성을 인식하는가?

아동의 이해에 대해 살펴보면, 다음과 같이 특정한 '큰 개념(big idea)', 예를 들어 '힘과 운동'에 대해 좀더 복잡한 개념을 사용할 수 있는지에 기준을 둔다.

힘과 운동

아동은 다음과 같은 개념을 사용할 수 있는가?

1. 물체를 움직이거나 움직이는 것을 멈추기 위해서는 밀거나 당기거나 비틀어야 한다.
2. 속력은 일정한 시간 동안 얼마나 멀리 움직이는지 나타내는 하나의 방법이다.
3. 물체가 얼마나 빨리 운동하기 시작하는지는 물체에 작용하는 힘의 크기에 달려있고, 물체가 더 빨리 운동할수록 그것을 멈추기 위해 더 많은 힘이 필요하다.
4. 가벼운 물체보다 무거운 물체를 움직이게 하거나 멈추는 데 더 많은 힘이 필요하다.
5. 지구 위에 있는 모든 물체에 지구를 향해 잡아당기는 힘(중력)이 작용하기 때문에 물체는 떨어진다.
6. 여러 힘이 한 물체에 작용할 때 그 효과는 하나로 합해진다.
7. 물체가 움직이지 않을 때, 물체에 작용하는 여러 힘은 서로 상쇄된다. 물체가 떨어지는 것을 막기 위해서는(물에 뜨는 경우처럼) 중력에 대항하는 힘이 있어야 한다.

아동이 다음 단계를 취하도록 도와주기

어떤 평가가 형성 평가인지 아닌지의 여부는 그것이 아동의 학습을 증진시키기 위해 사용되는지에 달려 있다. 아동의 수준에 대한 정보가 가르치는 일에 사용되지 않는다면 그것은 거의 가치가 없다. 교사는 아동을 돕기 위해 무엇을 할 수 있을까? 앞의 5장에서 아동의 개념 발달을 돕기 위해 우리가 일반적인 방법을 제공해 줄 수 없다는 것에 주목했다. 아동이 자신의 생각을 드러내지 않으면 어떤 방법으로 도울 수 있을지 알 수 없기 때문이다. 물론 우리는 다양한 방안을 제안할 수 있다. 하지만 특정한 경우, 어떤 방법이 적절한지 결정하기 위해 아동이 어떠한 계기로 그러한 생각을 가지게 되었는지 알아야 한다. 그러면 좀더 많은 탐색, 넓은 범주의 경험, 자신의 생각 검사하기, 자신의 생각 이야기하기, 또는 교사로부터 디딤돌을 제공받아 다른 생각 시도해 보기 등에서 아동이 어떤 도움을 받을 수 있는지 알 수 있다.

과정 기능의 발달과 관련해서는 6, 7, 8장의 논의에서 드러난 몇 가지 일반적인 사항이 있다. 교사는 다음과 같은 방법으로 아동이 자신의 과정 기능을 발달시키도록 도울 수 있다.

- 물질과 현상을 직접 탐색하는 데 과정 기능을 사용할 수 있는 기회 제공하기.
- 과정 기능을 사용하도록 아동에게 다양한 질문하기.
- 자신의 활동을 어떻게 수행했는지 비판적으로 고찰하는 데 아동을 참여시키기.
- 자신들의 생각이 증거와 일치하는지 소집단 토론과 전체 학급 토론을 통해 확인하기.
- 자신이 학습한 것뿐만 아니라 어떻게 학습했는지 토의하기(초인지).
- 기능(skills)을 향상시키기 위해 필요한 기법(techniques) 가르치기.

교사가 아동에게 주는 피드백

교사의 피드백은 아동의 활동을 향상시키는 중요한 수단이지만, 그 효율성은 피드백의 형태에 달려있다. 종종 교사는 점수나 등급 또는 자신의 주관적인 판단으로 아동에게 피드백을 제공한다. 연구 결과에 의하면 점수와 등급은 아동의 학습을 향상시키지 못한다고 한다. 관심과 성취도 모두를 향상시킬 수 있는 방법은 비판단적인 의견과 개선이 이루어질 수 있는 방법을 시사하는 의견을 제공하는 것이다. 교사의 의견과 함께 점수나 등급을 제공하는 것은 어떠한 의견 없이 점수나 등급만 매기는 것만큼 비효과적이다. 왜냐하면 학생들은 자신이 얼마나 잘했는지에만 관심을 가지기 때문이다. 높은 점수를 받은 아동은 기분 좋은 성취감을 느끼고, 그렇지 않은 아동은 '좋지 않음'이라는 꼬리표가 붙었다고 느낀다. 이것은 콘(Kohn,1993)이 말한 다음과 같은 명언과 일치한다.

> "학생이 학습하고 있는 동안에는 결코 학생을 등급 매기지 마라."

이 점은 형성적인 피드백을 특징짓는 데 매우 중요하기 때문에, 어떤 평가가 판단적이고 어떤 평가가 그렇지 않은지 자세하게 설명하는 것은 가치 있는

일이다. **비판단적인 피드백**은 정보를 제공하고,

- 사람이 아니라 과제에 초점을 맞춘다.
- 자신의 느낌이나 능력이 아니라 활동에 대해 생각하도록 아동을 격려한다.
- 다음에 해야 할 일과 그 일을 하는 방법에 대해 의견을 제공한다.

판단적인 피드백:

- 작품의 질보다는 오히려 아동이 얼마나 잘했는지 드러낸다.
- 아동 스스로 점수를 매기도록 부추기는 판단을 제공한다.
- 등급이나 점수를 제공한다. 그래서 아동이 종종 서로 비교하거나 성취하기 원하는 것과 비교하는 데 사용하도록 한다.

칭찬이 판단의 범주에 속한다는 것을 주목하는 것이 중요하다. 칭찬은 아동이 잘 하고 있다는 느낌을 갖게 해주지만 아동을 더 잘하도록 도와주는 데 꼭 필요한 것은 아니다. (칭찬은 아동을 기분 좋게 하지만, 아동이 자신의 활동을 향상시키기 원한다면 좋은 방법만은 아니다.) 활동에 대해 점수로 나타내면 아동은 더 이상 자신의 활동을 향상시키려는 조언에 귀 기울이지 않을 것이다. 아동은 비판단적인 의견으로 좀더 동기를 부여받게 된다. 그러한 의견은 자신의 활동에 대해 생각하게 하고 잘못된 점을 개선하기 위해 자신이 할 수 있는 것을 깨닫게 도와준다. 이러한 의견을 말로 하거나 글로 적어 다음과 같이 질문할 수 있다. "여러분은 어떤 것이 최상의 ~인지 어떻게 결정했나요?", "~할 때 일어난 일을 생각해 봄으로써 이것을 다르게 설명하는 방법은 없을까요?", "다음번에 어떤 학생이 여러분이 그린 그림을 사용해 회로를 구성한다고 상상해 봅시다. 그들에게 무엇을 해야 하는지 분명하게 보여주었다고 확신하나요?"

아동이 자신의 활동 평가하기

효과적인 형성 평가에 있어 핵심 요인 중 몇 가지는 아동이 자신의 학습에서 적극적인 역할을 하는 것과 관련 있다. 이것은 자기 자신의 발전을 평가하는 데 참여하고, 다음 단계에서 자신이 해야 하는 일을 결정하는 것을 포함한다. 또한 아동이 자신의 학습 상태를 파악할 수 있게 해준다. 그러면 아동은 자신의 학습에 대해 그 밖의 누군가에게 의존할 필요가 없다. 아동은 자기 자신의 학습에 **스스로 책임**을 갖게 된다. 그러려면 다음과 같은 교사의 지속적이고 일관된 행동이 필요하다.

- 아동이 학습 방향을 알 수 있도록 아동과 함께 활동의 학습 목표 공유하기.
- 학습 목표와 관련하여 자신이 어느 수준에 있는지 판단할 수 있는 방법 아동에게 제공하기.
- 자신의 학습에 대해 끊임없이 생각하도록 도와주기(또 다시 초인지).
- 아동이 다음 단계로 이행하기 위한 기능과 자신감 갖도록 하기.

교사가 이러한 모든 행동을 실행하기는 쉽지 않지만, 이 모든 것은 아동과 함께 학습 목표를 공유하는 첫 번째 사항에 달려있다. 교사가 '아동을 자신의 학습에 빠지게' 하고 싶다면 학습 목표의 공유가 바로 시작점이다. 배우려는 사람은 자신이 무엇을 목표로 하는지 명확히 알아야 하며, 여기에는 해야 할 일의 종류에 관한 목표와 그것을 잘 하는 것과 관련한 목표를 모두 포함한다. 물론 아동에게 학습 목표를 전달하는 것은 쉽지 않다. '학습 목표(targets)'와 '표준(standards)'이라는 형식적인 언어를 사용한다고 이루어질 수 있는 것이 아니기 때문이다. 교사가 아동과 함께 자신의 목표를 공유하는 데 성공한 몇 가지 방법은 '최고 작품' 토의하기, 활동을 시작할 때 먼저 목적을 설명하고 활동 과정에서 강조하기, 아동에게 자신이 학습한 것을 보여주도록 요구하기, 사례 활용하기 등이 있다.

'최고 작품'에 대해 토의하기

이 절에서는 교사가 8세 이상의 아동과 함께 활동할 수 있는 방법을 설명했다.

아동이 직접 만든 작품들 중 자신이 생각하는 최고의 작품을 선택한 후, 그 작품이 왜 선택되었는지 교사와 함께 이야기할 시간을 갖는 활동이다. 이러한 토의 과정을 통해 아동은 자신의 **작품을 판단하는 방법**을 분명히 할 수 있다. 아동이 생각하는 판단 기준은 교사에게 새로운 시사점을 던져줄지 모른다. 예를 들어, 아동의 선택 기준이 작품의 내용이 아닌 겉모양에 의해서라면 교사가 무의식적으로 이러한 측면만을 강조했을 수도 있다.

이러한 토의 방법은 아동이 자신의 최고 작품을 선택하기 위해 사용한 기준을 분명하게 하는 데 도움이 된다. 예를 들어, "여러분이 이 작품에서 가장 좋았던 점이 무엇이었는지 말해 보세요." 교사가 선택해야 하는 것을 직접 지시하지 않고, 기준만 제안해도 아동이 직접 선택하는 것이 점차 가능해 진다. 이것은 작품에 대한 다음과 같은 의견을 통해 이루어질 수 있다. "~의 결과를 보여주는 가장 좋은 방법이었어요. 선생님은 어떤 것이 최고인지 한 눈에 알 수 있었답니다." "선생님은 ~가 그걸 자신의 최고의 탐구라고 생각한 것이 기쁩니다. 왜냐하면 비록 ~가 기대했던 결과를 얻지는 못했지만 매우 주의 깊게 수행했고, 확실히 공정한 탐구 결과를 얻었기 때문입니다."

활동 목적에 대해 토론하기

또 다른 예는 교사가 아동과 함께 활동 목적을 일상적으로 토론하는 것이다. 토론 활동을 통해 아동은 어디에 주의를 집중해야 하는지 알게 된다. 교사가 보통 처음에 전체 학급에서 활동 목적을 일반적인 용어로 설명하지만, 이 자체만으로는 설명이 충분하지 않다. 교사는 나중에 모둠 토론을 하는 과정에서 활동 목적 강조하고, 개별 아동에게 적합한 좀더 구체적인 목표도 확인할 수 있을 것이다. 그러기 위해선 아동에게 '답'을 말하지 않고, 목적을 공유하기 위해 올바르게 말하는 법을 찾는 것이 중요하다. 이것은 어떤 다른 교과보다 과학에서 더 어렵다. (예를 들어, 국어의 글쓰기 경우 교사는 학습 목적을 '인용 부호를 정확하게 사용하기'로 세울 수 있다.) 예를 들면, 탐구 목적을 설명하는 데 있어, '학습할 내용(예를 들어, 전류가 전압에 비례한다는 것)에 대해 알아내기'라는 형식으로 진술하지 않고, '사용된 자료(예를 들어, 전지의 개수를 증가시킬 때 일어난 일)에 대해 알아내기'라는 형식이 되어야 한다. 목적이 탐구 과정을 개선하는 것이라면, 아동은 그 목적을 알아야 하고 아동이 매우 사소한 문제를 해결하는 데 자신의 모든 시간을 써버렸다는 인상을 갖지 않도록 해야 한다. 세 종류의 종이 중 어느 것이 가장 강한지 알아내는 탐구 활동이 있었다. 세 시간의 수업을 받았던 몇 명의 소년에게서 위에서 언급했던 일이 발생했다. 다음은 관찰자가 수업 후 소년을 면담한 내용이다.

> 면담자: 탐구 활동을 통해 무엇을 배웠다고 생각하니?
>
> 동 희: ... 모눈종이가 다른 종이에 비해 강하다는 것을 배웠어요.
>
> 면담자: 좋아. 그 외에 배운 내용은 없니?
>
> 동 희: 음...
>
> 면담자: 이 활동을 하는데 세 시간의 수업 시간을 보냈지. 모눈종이가 더 강하다는 것을 알아내는 데 사용한 시간치고는 좀 긴 것처럼 보이는데.
>
> 재 형: 예. 하지만 저희는 또 어느 종이가 좀더 강한지 발견했어요. 단지 모눈종이만이 아니라, 종이 모두에 대해서요.

이 학생들은 탐구 과정을 학습 목표로 인식하지 못했다. 학생들이 학습 목표를 알았더라면, 탐구 방법에 대해 좀더 많이 성찰하고, 만족스런 결과를 얻었을 것이다. 또한 탐구 능력과 관련된 학습 목표를 향해 한 층 더 발전했을 것이다.

아동에게 무엇을 배웠는지 보여주도록 요구하기

아동에게 자신이 배운 것을 다른 사람에게 보여주도록 요구할 수 있다. 때로는 아동이 자신의 탐구 결과를 전체 학급에 발표할 때, 아동이 어떤 활동을 했고 무엇을 알아냈는지 또는 무엇을 배웠는지 말하도록 요구할 수 있다. 특히 수업 계획에 없었던 어떤 탐색이나 문제 해결 활동을 수행한 후에 교사는 학생에게 "이 활동에서 무엇을 배웠지요?"라고 물을 수 있다.

어떤 한 교사가 학생들이 회로에 대해 얼마나 알고 있는지 알아보기 위해 서로에게 제출할 실기 시험 문제를 만들어보도록 했다. 학생들이 제출한 문제는 교사가 제시한 과제보다 훨씬 어려웠다. 하지만 학생들은 활동을 통해 새로운 문제에 도전하고 그 과정에서 자신의 학습을 확장시켰다.

사례 활용하기

목표로 하는 활동의 특성이나 표준을 잘 전달하는 것은 어떠한 수준에서도 어려운 일이다. 아동의 작품을 본보기로 보여주는 표준이 있다면 교사나 아동에게 도움이 될 것이다. '수행 표준(Performance Standards: New Standards, 1997)'이나 '표준의 본보기(Exemplification of Standards: Science at Key Stages 1 and 2, Levels 1 to 5; SCAA, 1995)'와 같은 교사용 출판물에 제시된 사례 중 몇 가지를 아동과 공유하면, 다른 아동이 어떻게 작품을 만들었는지 알 수 있다. 이것은 학급 활동에서 직접 선정한 사례로 토의할 때 발생할 수 있는 문제를 피하게 할 수 있다. 때로는 완벽한 사례를 활용하지 않는 것이 유용하다. 그러면 어떤 작품의 긍정적인 측면뿐만 아니라 결점도 토의할 수 있기 때문이다. 이러한 목적을 위해 일련의 작품을 수집할 수 있는데, 작품의 저자를 알 수 없게 하는 것이 가장 좋을 것이다. 종종 이런 목적을 위해 다른 학교의 교사와 예시 작품을 서로 교환하는 것이 좋다.

물론, 아동의 작품을 평가하는 데 다른 아동을 참여시키는 것은 많은 시간이 소요되지만 아동의 노력, 학습의 즐거움, 기다리는 시간의 단축(교사의 지시를 기다릴 필요가 없기 때문에) 그리고 가장 필요한 곳에 노력을 집중시키는 것에 의해 몇 배로 보상된다.

내용 간추림

이 장은 초등학교에서 필요한 두 가지 중요한 목적, 즉 형성적 측면과 총괄적 측면의 평가에 관한 것이었다. 형성 평가는 가르치는 일의 일부이고, 아동의 필요와 발전에 따라 가르치는 일을 개선하기 위한 정보를 제공할 수 있다. 교사가 모든 학습 목표에 대한 자세한 정보를 수집하고, 이를 사용하여 개별 아동이나 전체 학급을 위한 다음 단계를 확인하는 과정이다.

총괄 평가의 목적은 어떤 시점에 무엇이 성취되었는지 요약한 내용을 제공하는 것이다. 종종 시험의 형태를 취하거나 일련의 아동 활동 전체를 요약해서 평가하기도 한다. 총괄 평가가 경쟁 목적을 위해 교사와 학교를 평가하고 판단하는 데 사용될 때, 시험은 신뢰도를 높이기 위해 범위를 좁히기 쉽고, 그 결과 교육 과정과 수업에 영향을 미치게 된다.

형성 평가의 개선은 모든 아동의 성취 수준을 올릴 수 있고, 특히 성취 수준이 낮은 아동에게 도움이 된다. 아동 교육에 있어 다른 어떤 방법보다도 잠재적 개선의 효과가 크다.

교사는 형성 평가를 통해 가르치는 방법을 개선하고, 아동에게 비판단적인 피드백을 제공한다. 아동을 자기 평가와 다음 단계의 결정에 참여하도록 하여, 능동적인 학습에 몰두하게 할 때 가장 효과적이다. 형성 평가의 이러한 핵심 구성 요소와 관련하여 교사가 취할 수 있는 행동 몇 가지를 살펴보면 다음과 같다.

가르치는 일에 피드백 제공하기

1. 아동과의 일상적인 상호작용의 일부로 정보를 수집한다. 자신의 판단에 대한 증거를 정보에서 확실히 찾는다.
2. 개념, 기능, 태도의 발달 과정에서 제공한 정보가 무엇을 뜻하는지 해석한다.
3. 아동이 현재 처한 발달 단계에 대한 정보를 사용하여, 아동의 다음 학습 단계와 그에 맞는 적절한 방안을 결정한다.

아동에게 피드백 제공하기

1. 아동의 능력이나 성과가 아니라 활동에 대한 의견을 제공한다.
2. 질문이나 의견을 통해 활동을 개선하거나 앞으로 진행하기 위해 아동이 해야 할 활동을 넌지시 알려준다.
3. 아동의 활동에 의견을 제공한다고 하더라도 점수나 등급은 제시하지 않는다.

아동을 자기 평가에 참여시키기

1. 활동에서 무엇을 목표로 삼고 노력해야 하는지 아동에게 알려준다. 그러나 특정한 학습 결과의 내용은 미리 제시하지 않는다.
2. 활동에서 무엇을 배웠는지, 무엇을 더 배워야 하는지 아동에게 물어본다.
3. 자신의 작품과 다른 사람의 작품 사례를 토의하면서 아동이 좋은 작품을

알아볼 수 있도록 지도한다.

4. 다음 단계에서 해야 할 활동과 준비해야 할 사항을 결정하는 데 아동을 참여시킨다.

참고문헌

Association *for* Science Education (ASE). 1998a. *ASE Guide to Primary Science Education.* Cheltenham, UK: Stanley Thornes.

———. 1998b. *Primary Science* 56.

Barnes, D. 1976. *From Communication to Curriculum.* Harmondsworth, UK: Penguin.

Bell, B. F. 1981. "When Is an Animal Not an Animal?" *Journal of Biological Education* 15 (3): 213-19.

Bidduiph, F., and R. J. Osborne. 1984. "Pupils' Ideas About Floating and Sinking." *Research in Science Education* (14): 114-24.

Black, P. J., and D. Wiliam. 1998. "Assessment and Classroom Learning." *Assessment in Education 5* (1):7-74.

Deci, E. L., and R. M. Ryan. 1985. *Intrinsic Motivation and Self-Determinationin Human Behavior.* New York: PlenumPress.

Freyberg, P. S., R. J. Osborne, and C. R. Tasker. 1983. "The Learning in Science Project." In *New Trends in Primary School Science Education,* edited by W. Harlen. Paris: UNESCO.

Harlen, W. 2000a. *Teaching, Learning, and Assessing Science 5-12.* London: Paul Chapman Publishing.

———. 2000b. *The Teaching of Science in Primary Schools.* London: David Fulton Publishing.

Harlen, W, C. Macro, M. Schilling, D. Malvern, and K. Reed. 1990. *Progress in Primary Science.* London: Routledge.

Harlen, W., and S. Jelly. 1997. *Developing Science in the Primary classroom.* Harlow, Essex, UK: Longman.

Kohn, A. 1993. *Punished by Rewards.* Boston: Houghton Mifflin.

McMeniman, M. 1989. "Motivation to Learn." In *Educational Psychology: An Australian Perspective,* edited by P. Langford. Sydney: Longman.

National Center on Education and the Economy and the University of Pittsburgh. 1997. *Performance Standards: New Standards,* Vol.1, Elementary Science. National Center on Education and the Economy and the University of Pittsburgh.

Naylor, S., and B. Keogh. 2000. *Concept Cartoons in Science Education.* Crewe, Cheshire, UK: Miligate House Publishers.

Ormerod, M. B., and D. Duckworth. 1975. *Pupils' Attitudes to Science.* Windsor, UK: NFER.

Osborne, R. J. 1983. "Towards Modifying Children's Ideas About Electric Current." *Journal of Research in Science and Technological Education* 1: 73-82.

Osborne, R. J., and P. Freyberg. 1982. Learning in Science (Forms 1-4) Final Report. Hamilton, NZ: Science Education Research Unit, University of Waikato, Hamilton, New Zealand.

———. 1985. *Learning in Science: The Implications of "Children's Science."* London: Heinemann.

SCAA. 1995. *Exemplification of Standards: Science at Key Stages 1 and 2, Levels 1 to 5.* London: Schools Curriculum and Assessment Authority.

Science 5-13. 1972. *Working with Wood.* Unit for Teachers. London: Macdonald.

SPACE Research Reports. 1990. *Growth.* Liverpool, UK: University of Liverpool Press.

———. 1990. *Light.* Liverpool, UK: University of Liverpool Press.

Tunnicliffe, S. 2001. "Apples: Children's Observational and Imaginary Drawings." *Primary Science Review* 69.

WGBH Video. 1997. *Completing the Circuit.*

찾아보기

참다운 과학 수업을 위해 **초등 과학교육에 뛰어들기**

지은이 • Wynne Harlen

옮긴이 • 장병기 · 윤혜경

펴낸이 • 조승식

펴낸곳 • (주) 도서출판 북스힐

등록 • 제22-457호

주소 • 142-877 서울시 강북구 수유2동 240-225

www.bookshill.com

E-mail • bookswin@unitel.co.kr

전화 • 02-994-0071(代)

팩스 • 02-994-0073

2011년 9월 20일 1판 1쇄 인쇄

2011년 9월 25일 1판 1쇄 발행

값 12,000원

ISBN 978-89-5526-793-8

* 잘못된 책은 구입하신 서점에서 바꿔드립니다.